Anthony de Mello

Wie ein Fisch im Wasser

Anthony de Mello

Wie ein Fisch im Wasser

Einladung zum glücklichen Leben

Illustrationen von Jules Stauber

Herder

Freiburg · Basel · Wien

Titel der Originalausgabe:
Call to Love
© Gujarat Sahitya Prakash, Anand, India, 1991

Aus dem Englischen übersetzt von
IRENE JOHNA

Dritte Auflage

© Verlag Herder Freiburg im Breisgau 1992
Satz: Fotosetzerei G. Scheydecker, Freiburg im Breisgau
Druck und Einband: Freiburger Graphische Betriebe 1994
ISBN 3-451-22823-8

Vorwort

Die vorliegende Textsammlung stammt aus dem Nachlaß von Anthony de Mello (1931–1987), einem großen Menschenkenner und Menschenfreund. Es sind Vorträge, die er einige Jahre vor seinem plötzlichen Tod gehalten hat. Sie bringen keine neuen Lehren, sondern wollen Anstöße zur Selbstbesinnung geben. In ihrer Eigenart sind sie zugleich Erinnerungen an einen modernen Mystiker, der den Mut hatte, die Wirklichkeit zu sehen und darum voll Mitgefühl und Liebe für alle Geschöpfe und Dinge war – der sich „an allem und nichts erfreute". In gewisser Hinsicht sind diese Meditationen autobiographisch: sie zeigen den schmerzlichen Weg, auf den Anthony de Mello in seinen letzten Lebensjahren geführt wurde, um alle Glaubenssysteme, Ideologien, Formeln und Bindungen abzulegen und zu Leben, zu Liebe und Freiheit zu gelangen und um allein zu sein. Sie kreisen vor allem um das Thema der Liebe und um die Hindernisse, die sich ihr entgegenstellen: Abhängigkeiten, vorgegebene Verhaltensweisen, Begierden, Denksysteme. Kurzum: Einflüsse und Zwänge, und wie man sich von ihnen befreien kann, um endlich sehen und lieben zu können.

Tony beginnt jede Meditation mit einem Bibelwort. Dagegen mag man vielleicht einwenden, sie dienten doch nur als Aufhänger für seine eigenen Ideen. Das wäre sogar richtig, denn Tony legt diese Texte nicht exegetisch aus. Seine Gedanken dazu sind ganz persönlich geprägt; es sind Meditationen eines Mystikers, für den das höchste Ziel eines Menschen das Freisein von allem ist: ein Zustand, in dem man bedingungslos liebt. Tony de Mello gewinnt aus diesen kurzen Bibeltexten erhellende, persönliche Einsichten, die über exegetische Auslegung hinausgehen.

Es sind ebenso tiefe wie eindringliche Besinnungen, die uns helfen, aus den Gefängnissen unserer Abhängigkeiten auszubrechen und uns von den Formeln und Gewohnheiten zu befreien, die uns daran hindern, die Wirklichkeit zu sehen. Diese Meditationen helfen uns zu erkennen, daß wir keine neuen Lehrformeln brauchen, um zur Wahrheit zu gelangen, sondern ein Herz, das all sein Programmiertsein und jede Selbstgefälligkeit ablegt – ein Herz, das nichts ängstlich zu hüten und nichts zu erstreben hat und darum furchtlos und frei ist. Diese Meditationen stellen manche allgemein anerkannten Ansichten in Frage, wie zum Beispiel die, daß man nur dann lieben kann, wenn man sich selbst aufrichtig geliebt weiß, und so weiter. Sie enthalten viele rätselhafte Feststellungen: Man kann nur lieben, wenn man allein ist; Liebe *ist*, sie hat kein Objekt, und so weiter. Tony hilft uns, einen kurzen Blick auf das Mysterium der Liebe zu werfen.

Ich erwarte nicht, daß nun alle Tonys Meinung teilen. Er selbst war sich durchaus bewußt, daß viele

Menschen ihre Gefängnismauern der Freiheit draußen vorziehen, andere nur ihre Haftbedingungen verbessern wollen. Tony hoffte, daß einige doch den Mut aufbringen würden, aus dem Gefängnis ihrer Zwänge auszubrechen und die Wirklichkeit zu sehen, um sich dann zu ändern. Manche trugen ihm seine so eigene, persönliche Auffassung nach und beklagten das Vernachlässigen sozialer, struktureller Dimensionen der Wirklichkeit. All dem gegenüber war Tony jedoch nicht blind; vielmehr ging es ihm darum, eine Grundeinstellung vorzutragen, die allen gut anstünde: Sozialreformen, Christen, Hindus, Atheisten – einfach allen; eine Einstellung wie das noshkama karma der indischen Überlieferung, oder, wie Tony es nennt, den Mystizismus uneigennützigen Handelns, den jeder braucht, der zum Aufbau einer gerechteren und humaneren Gesellschaft beitragen möchte.

Mag sein, daß dem Leser der eine oder andere Gedanke aus den folgenden Meditationen bekannt vorkommt, doch wollten wir keine der vielen weisen Einsichten Tonys opfern und die Texte so belassen, wie er sie hinterließ, abgesehen von einigen geringfügigen Korrekturen.

Wir legen diese zweifellos wertvollen Meditationen hier gerne vor, auch auf das Risiko hin, daß sie Widerspruch erregen und Diskussionen entfachen könnten. Vielleicht aber werden auch einige Leser den Mut haben, Tony und seinen Rat ernst zu nehmen.

Ahmedabad, Januar 1992   *Joseph Mattam S. J.*

Inhalt

1

Unterschiedliche Gefühle

„Was nützt es dem Menschen,
wenn er diese Welt gewinnt,
aber dabei sein Leben einbüßt?"
Matthäusevangelium 16,26

Stellen Sie sich einmal vor, was für ein Gefühl in Ihnen aufsteigt, wenn Sie gelobt werden oder sich akzeptiert sehen, wenn Sie Zustimmung oder gar Beifall erhalten. Und empfinden Sie einmal nach, was Sie erfüllt, wenn Sie die Sonne im Meer versinken oder den Mond hinter den Bäumen aufsteigen sehen, wenn Sie von der Lektüre eines Buches bewegt oder vom Anschauen eines Filmes gepackt sind. Erleben und prüfen Sie dieses Gefühl und vergleichen Sie es mit dem ersten, das Sie ergriff, als Sie gelobt wurden. Sie werden merken, daß das erste Gefühl der Selbstgefälligkeit, der Selbstbestätigung entspringt. Es ist ein weltliches Gefühl. Das zweite hingegen rührt aus dem eigenen Erfülltsein: einem seelischen Gefühl, einem Seligsein.

Ein anderer Vergleich: Stellen Sie sich einmal vor, was für ein Gefühl Sie beherrscht, wenn Sie einen Erfolg errungen, ein Ziel erreicht haben, wenn Sie der Erste geworden sind, ein Spiel, eine Wette gewonnen oder das schlagende Argument in die Debatte geworfen haben. Vergleichen Sie es mit dem Gefühl, das Sie erfüllt, wenn Ihnen etwas gelungen ist, für das Sie sich mit aller Kraft eingesetzt und hingegeben haben. Spüren Sie wieder den deutlichen Unterschied zwischen dem weltlichen und dem inneren, seelischen Gefühl?

Und noch ein Vergleich: Erinnern Sie sich daran, wie Sie sich gefühlt haben, als Sie Macht ausüben konnten, als Sie der Chef waren und das Sagen hatten, als die Leute zu Ihnen aufschauten und das taten, was Sie anordneten; oder als Sie geschätzt und bekannt waren. Und vergleichen Sie dieses weltliche Gefühl mit der Vertrautheit, der Nähe, der Zusammengehörigkeit – als Sie mit Freunden oder guten Bekannten gesellig zusammen saßen und viel Spaß hatten und lachten.

Wenn Sie das getan haben, versuchen Sie, die wirkliche Beschaffenheit der weltlichen Gefühle zu erkennen: der Selbstbestätigung und Selbstgefälligkeit. Diese Gefühle sind nicht naturgegeben, Ihre Gesellschaft und Ihre Kultur haben sie erfunden, um Sie zu Leistungen anzustacheln und kontrollierbar zu machen. Diese Gefühl geben Ihnen nicht die Nahrung und das Glück, das Sie erfahren, wenn Sie ein kleines Wunder der Natur betrachten, die Gesellschaft Ihrer Freunde genießen oder Freude an Ihrer Arbeit haben. Jene Gefühle sind dazu da, um zu erregen und in Spannung zu versetzen – und in Leere.

Dann achten Sie einmal auf sich selbst im Laufe eines Tages oder eine Woche, und denken Sie darüber nach, wie viel von dem, was Sie tun und treiben, nicht von dem Verlangen nach dieser Erregung angesteckt ist, einer Spannung, die doch nur Leere erzeugt: vom Verlangen, Aufmerksamkeit zu wekken, Zustimmung zu finden, Ruhm zu ernten, Beliebtheit zu finden, Erfolg zu erzielen und Macht zu erlangen.

Und sehen Sie sich die Leute in Ihrer Umgebung an. Gibt es einen oder eine einzige unter ihnen, der oder die nicht nach diesen weltlichen Gefühlen süchtig geworden sind? Sehen Sie jemanden, der oder die nicht von diesen Gefühlen kontrolliert wird, nach ihnen hungert, nicht – bewußt oder unbewußt – jede Minute – von früh bis spät nach ihnen sucht? Sobald Sie das verstehen, werden Sie auch erkennen, wie sehr die Menschen sich anstrengen, die Welt zu gewinnen und dabei ihre Seele verlieren. Denn sie leben ein leeres, seelenloses Leben.

Ich möchte Ihnen dazu ein Gleichnis erzählen, über das Sie nachdenken können: Eine Gruppe Touristen fuhr in einem Bus durch eine wunderschöne Gegend mit Seen, Bergen, Wiesen und Bächen. Doch die Fenster des Busses waren mit Vorhängen verdunkelt, und keiner der Insassen hatte die leiseste Ahnung, was hinter den Fenstern des Busses lag. Während ihrer ganzen Fahrt machten die Touristen nichts anderes als sich darüber zu zanken, wer vorn auf dem Ehrenplatz sitzen dürfe, wer es verdient hätte, wem dies zustünde. Und so ging es fort, bis die Reise zu Ende war ...

2

Loslassen

*Eher geht ein Kamel durch ein
Nadelöhr, als daß ein Reicher
in das Reich Gottes gelangt.*

Markusevangelium 10,25

Was kann man tun, um das Glück zu erlangen? Es gibt nichts, was Sie oder sonst jemand dafür tun können. Wieso? Einfach deshalb, weil Sie jetzt, in diesem Moment, schon glücklich sind. Wie können Sie denn etwas zu erreichen suchen, was Sie schon haben? Und wenn das so ist, warum nehmen Sie dann dieses Glück nicht wahr, das Sie besitzen? Weil Ihr Verstand dauernd Unglücklichsein produziert. Verjagen Sie dieses Unglücklichsein aus Ihrem Kopf, und sofort wird das Glück, das schon immer in Ihnen war, die Oberhand gewinnen. Wie läßt sich das Unglücklichsein verjagen? Finden Sie die Ursache heraus, und nehmen Sie sie unerbittlich unter die Lupe. Sie wird automatisch verschwinden.

Wenn Sie genau hinschauen, werden Sie erkennen, daß es nur einen einzigen Grund für Ihr Unglücklichsein gibt. Er heißt: Abhängigkeit. Was ist Abhängigkeit? Ein gefühlsmäßiger Zustand des Sich-Anklammerns, der aus der Überzeugung entsteht, daß man ohne eine bestimmte Sache oder einen bestimmten Menschen nicht glücklich sein kann. Dieser gefühlsmäßige Zustand des Anklammerns besteht aus zwei Elementen: einem positiven und einem negativen. Das positive Element ist das schnelle Vergnügen, die Erregung, der Nervenkitzel, den Sie erleben, wenn Sie bekommen haben, woran ihr Herz hängt. Das negative Element ist das Gefühl der Bedrohung und der Spannung, das die Abhängigkeit immer begleitet.

Stellen Sie sich einen Menschen vor, der in einem Straflager sein Essen hinunterschlingt: Mit einer Hand führt er das Essen zum Mund, mit der anderen möchte er es von den anderen abschirmen, die es ihm sofort wegschnappen, wenn er nicht aufpaßt: das perfekte Bild eines Menschen, der an etwas festklammert. So macht Festklammern oder Abhängigsein von sich aus anfällig für Gefühlsausbrüche und ist immer eine Bedrohung für Ihren inneren Frieden und Ihre Ausgeglichenheit.

Wie können Sie dann von einem Menschen, der an etwas festhält, erwarten, daß er sich auf das weite Meer des Glücks hinauswagt, das Reich Gottes heißt? Genauso gut kann man von einem Kamel erwarten, daß es durch ein Nadelöhr geht!

Das Tragische an solchem Festhalten ist freilich, daß es unglücklich macht, sobald man nicht bekommt, woran man sich klammert. Und bekommt man es, macht es ebensowenig glücklich – es verschafft uns nur das schnelle Vergnügen, den Genuß, gefolgt vom Überdruß und seinem selbstverständlichen Begleiter: der Angst, es wieder zu verlieren.

Sie werden sagen: „Darf ich denn mein Herz

nicht an ein einziges hängen?" Selbstverständlich! An so vieles, wie Sie möchten. Doch jede einzelne Abhängigkeit kostet Sie ein Stück Ihres Glückes. Denken Sie daran: Abhängigkeiten sind von Natur aus so, daß noch so viele an einem einzigen Tag befriedigte Sie nicht glücklich machen können, wenn eine einzige offen bleibt, die Ihnen keine Ruhe läßt und Sie unglücklich macht. Es gibt keinen Weg, den Kampf gegen Abhängigkeiten zu gewinnen. Genauso gut können Sie nach trockenem Wasser suchen wie nach einer Abhängigkeit, die nicht unglücklich macht. Noch niemand hat jemals ein Patentrezept dafür gehabt, das, woran man hängt, ohne Kampf, Angst, Zittern und – früher oder später – ohne Niederlage zu behalten.

Nur so ist der Kampf gegen Abhängigkeiten zu gewinnen: Geben Sie sie einfach auf. Es ist – aller verbreiteten gegenteiligen Meinung zum Trotz – ganz einfach. Nur müssen Sie die folgenden Wahrheiten wirklich sehen.

Erste Wahrheit: Sie halten an einem Irrglauben fest – daran nämlich, daß Sie ohne einen bestimmten Menschen oder ohne eine bestimmte Sache nicht glücklich sind. Betrachten Sie einmal all Ihre Abhängigkeiten – eine nach der anderen –, und erkennen Sie den Irrtum dieser Annahme. Vielleicht stoßen Sie dabei in Ihrem Herzen auf Widerstand, doch sobald Sie das erkennen, werden Sie das Ergebnis spüren. Genau in diesem Moment wird die Abhängigkeit ihre Macht verlieren.

Zweite Wahrheit: Wenn Sie sich an allem einfach erfreuen, aber sich weigern, Ihr Herz daran zu hän-

gen, sich weigern, dem Irrglauben zu folgen, daß Sie ohne etwas Bestimmtes nicht glücklich sein können, bleibt Ihnen all der Kampf und die innere Anspannung erspart, das Erlangte zu bewahren und zu verteidigen. Haben Sie schon einmal daran gedacht, daß Sie nichts, woran Sie hängen, aufzugeben brauchen, auf nichts verzichten müssen und sogar mehr Freude erfahren, wenn allem das Anklammern und Davon-Abhängigsein genommen ist, weil Sie dann in sich ruhen, gelöst und unbeschwert sein können?

Dritte und letzte Wahrheit: Wenn Sie lernen, den Duft von tausend Blumen zu genießen, klammern Sie sich nicht an eine einzelne, und leiden auch nicht, wenn Sie sie nicht bekommen. Wenn Sie tausend Lieblingsgerichte haben, werden Sie das Fehlen eines einzigen nicht bemerken; es wird Ihr Glück nicht im geringsten beeinträchtigen. Doch genau Ihre Abhängigkeiten sind es, die Sie daran hindern, einen umfassenderen und vielfältigeren Geschmack für Dinge und Menschen zu entwickeln.

Im Lichte dieser drei Wahrheiten kann keine Abhängigkeit länger überleben. Doch das Licht muß ununterbrochen scheinen, um seine Wirkung entfalten zu können. Abhängigkeiten können nur in der Dunkelheit der Illusion gedeihen. Der Reiche kann nicht in das Königreich der Freude eingehen, nicht weil er böse sein will, sondern weil er auf seiner Blindheit beharrt.

3

Offen sein

*Um zu richten bin ich in diese Welt
gekommen: damit die Blinden sehend
und die Sehenden blind werden.*

Johannesevangelium 9,39

Man sagt, Liebe macht blind. Tut Sie das wirklich? Tatsächlich ist nichts auf der Welt so
scharfsichtig wie die Liebe. Das, was blind macht,
ist nicht Liebe, sondern Abhängigkeit. Abhängigkeit
ist ein Zustand des Sich-Anklammerns, der aus dem
Irrglauben rührt, eine bestimmte Sache oder einen
bestimmten Menschen unbedingt zum Glück zu
brauchen. Sind Sie von etwas abhängig, von Menschen oder Dingen, von denen Sie fälschlicherweise
glauben, daß Sie ohne sie nicht glücklich sein können? Schreiben Sie diese Dinge oder Personen gleich
einmal auf, damit wir dann genauer sehen können,
in welcher Weise sie blind machen.

Stellen Sie sich einen Politiker vor, der sich selbst
davon überzeugt hat, daß er nicht glücklich sein
kann, solange er keine politische Macht besitzt. Sein
Streben nach Macht stumpft ihn gegenüber vielen
anderen wichtigen Dingen des Lebens ab. Er hat
kaum noch Zeit für die Familie und für Freunde.
Plötzlich werden alle Menschen nur noch daraufhin

angesehen, ob sie seinem Ehrgeiz nützen oder ihm im Wege stehen. Und diejenigen, die ihm weder nützlich noch gefährlich sein können, übersieht er einfach. Hängt sein Herz darüber hinaus noch an Dingen wie Geld oder Vergnügungen, ist der arme Mann in seiner Wahrnehmungsfähigkeit so eingeschränkt, daß man fast sagen könnte, er ist blind. Für alle ist das klar, nur für ihn selbst nicht. Das ist die Situation, die zur Ablehnung des Messias führt, zur Ablehnung des Wahren, Schönen und Guten, weil man ihm gegenüber blind geworden ist.

Nun stellen Sie sich vor, Sie lauschen einem Orchester, bei dem die Pauken so laut sind, daß von den anderen Instrumenten fast nichts mehr zu hören ist. Um eine Sinfonie wirklich zu genießen, müssen Sie für jedes Instrument des Orchesters ein Ohr haben. Um in dem Zustand zu sein, der Liebe heißt, müssen Sie für die Einzigartigkeit und Schönheit aller Dinge und jedes Menschen in Ihrer Umgebung empfänglich sein. Sie können schwerlich etwas lieben, was Sie nicht einmal wahrnehmen.

Und sehen Sie nur ein paar wenige Dinge auf Kosten anderer, so ist das eben keine Liebe. Denn Liebe klammert niemanden aus, sie schließt das Ganze des Lebens ein, sie hört die Sinfonie als Ganzes und lauscht nicht nur dem Klang des einen oder des anderen Musikinstruments.

Halten Sie hier einen Augenblick inne und versuchen Sie, die Abhängigkeiten zu erkennen, die die Sinfonie Ihres Lebens eintönig machen, nicht anders, als die Abhängigkeit von Macht und Geld den Politiker oder Geschäftsmann taub werden lassen für die Melodie seines Lebens. Oder anders betrachtet: Eine riesige Flut von Informationen aus der Umwelt bricht ständig über Sie herein, durchströmt ihre Sinne, Ihre Organe, den ganzen Körper. Nur ein kleiner Teil dieser Informationen erreicht Ihr Bewußtsein. Es ist wie der endlose Strom von Rückmeldungen an den Präsidenten eines Landes: nur ein winziger Bruchteil gelangt schließlich zu ihm selbst. Jemand in seinem Büro sichtet und wählt für ihn aus. Wer entscheidet darüber, was von all dem, das aus der Welt auf Sie hereinstürzt, letzten Endes den Weg in Ihr Bewußtsein schafft? Drei entscheidende Filter: als erstes Ihre Abhängigkeiten, als zweites Ihre Überzeugungen und als drittes Ihre Ängste.

Ihre Abhängigkeiten: Unweigerlich werden Sie darauf achten, was Ihren Abhängigkeiten zugute kommt oder sie bedroht, und den Rest keines Blickes mehr würdigen. Sie interessieren sich für den

Rest so wenig wie der habgierige Geschäftsmann noch auf etwas anderes reagiert, das nichts mit Geld zu tun hat.

Ihre Überzeugungen: Nehmen Sie nur einmal einen Fanatiker, der bloß noch zur Kenntnis nimmt, was seiner Überzeugung entspricht, und alles verdrängt, was sie in Frage stellt – und bald werden Sie verstehen, was Ihre Überzeugungen mit Ihnen treiben.

Schließlich Ihre Ängste: Wenn Sie wüßten, daß Sie in einer Woche hingerichtet werden, könnten Sie an nichts anderes mehr denken als an dies. Sie wären so konzentriert wie nie. So ist es mit den Ängsten: sie fixieren Ihre ganze Aufmerksamkeit auf eine einzige Sache, unter Ausschluß alles übrigen. Ganz zu Unrecht meinen Sie, daß Ihre Ängste Sie beschützen, daß Ihre Überzeugungen Sie das werden ließen, was Sie sind, und daß alles, woran Sie hängen, Ihr Leben aufregend und sorglos macht. Dabei sehen Sie aber nicht, daß die Ängste, Überzeugungen und Abhängigkeiten im Grunde wie eine schallschluckende Wand zwischen Ihnen und der Sinfonie des Lebens stehen.

Natürlich ist es nicht gut möglich, auf jeden einzelnen Ton der Sinfonie des Lebens zu hören. Doch wenn Ihr Geist frei geworden ist und Ihre Sinne sich öffnen, werden Sie beginnen, die Dinge so wahrzunehmen, wie sie sind und der Wirklichkeit Rechnung tragen. Bald werden Sie von den Wohlklängen des Universums entzückt sein. Dann werden Sie verstehen, was Gott ist, wissen Sie doch schließlich, was Liebe ist.

Betrachten Sie es einmal so: Sie sehen die Menschen und Dinge nicht so, wie sie sind, sondern so, wie *Sie* sind. Wenn Sie sie so sehen wollen wie sie sind, müssen Sie Ihr Augenmerk auf die Dinge richten, an denen Sie hängen und auf die Ängste, die wegen dieser Abhängigkeiten in Ihnen entstehen. Schauen Sie auf Ihr Leben, so werden Sie feststellen, daß es die Abhängigkeiten und Ängste sind, die darüber entscheiden, was Sie wahrnehmen und was Sie verdrängen. Wovon auch immer Sie Notiz nehmen, es beansprucht Ihre Aufmerksamkeit. Und da

Sie beim Sehen auswählen, besitzen Sie ein trügerisches Bild der Menschen und Dinge um Sie herum. Je länger Sie mit diesem Zerrbild leben, desto mehr sind Sie davon überzeugt, daß es das einzige wahre Bild der Welt ist, denn Ihre Abhängigkeiten und Ängste verarbeiten auch die neu eingehenden Informationen weiterhin so, daß sie das vorhandene Bild nur bestätigen. Auf diese Weise bilden sich Ihre Überzeugungen: feste, unveränderliche Sichtweisen einer Wirklichkeit, die aber weder fest noch unveränderlich ist, sondern immer in Bewegung und im Wandel. Dadurch ist es nicht mehr die wirkliche Welt, auf die Sie eingehen und die Sie lieben, sondern eine Welt, die in Ihrem Kopf entstanden ist. Nur wenn Sie von Ihren starren Überzeugungen ablassen, Ihre Ängste und die Abhängigkeiten aufgeben, die diese Ängste erst hervorrufen, werden Sie von der Empfindungsarmut befreit sein, die Sie so taub und blind sich selbst und der Welt gegenüber macht.

4

Sich entscheiden

Kehrt um!
Denn das Himmelreich ist nahe.

Matthäusevangelium 4,17

Stellen Sie sich vor, Sie haben ein Radio, bei dem Sie an den Knöpfen drehen können wie Sie wollen, und doch empfängt es nur einen Sender. Auch die Lautstärke läßt sich nicht regulieren. Manchmal ist kaum etwas zu hören, manchmal plärrt es so laut, daß Ihnen fast das Trommelfell platzt. Außerdem gibt es keinen Knopf zum Ausschalten; manchmal ist der Ton leise, doch sofort brüllt Ihr Radio los, wollen Sie sich ausruhen und schlafen. Wer würde sich solch ein Radio bieten lassen? Und dennoch lassen Sie es sich nicht nur bieten, sondern nennen es auch noch normal und menschlich, wenn Ihr eigenes Herz sich so verrückt benimmt.

Denken Sie einmal nach, wie oft Sie von Ihren Gefühlen hin- und hergerissen wurden, wie oft Sie einen Wutanfall hatten, Niedergeschlagenheit und Angst Sie erfaßte, und immer nur, weil Ihr Herz etwas unbedingt verlangte, was Sie nicht hatten, oder an etwas festhielt, was Sie hatten, oder etwas zu umgehen suchte, was Sie nicht wollten. Sie waren verliebt und fühlten sich zurückgewiesen oder waren eifersüchtig. Plötzlich drehten sich Herz und Verstand nur noch um dieses eine, und das Festmahl des Lebens schmeckte in Ihrem Mund fad wie Asche. Sie waren darauf versessen, eine Wahl zu gewinnen, und im Kampfgewühl war es unmöglich, den Gesang der Vögel zu hören: Ihr Ehrgeiz erstickte jeden anderen Laut. Sie wurden mit der Möglichkeit einer ernsthaften Krankheit konfrontiert, oder mit dem Verlust eines geliebten Menschen, dabei war es ihnen unmöglich, sich auf irgend etwas zu konzentrieren.

Kurz gesagt: Sobald Sie sich an etwas anklammern, wird die Funktion dieses wunderbaren Systems „menschliches Herz" lahmgelegt. Wollen Sie Ihr Radio reparieren, müssen Sie über Elektronik Bescheid wissen. Wenn Sie Ihr Herz wiederherstellen wollen, müssen Sie ernsthaft und gründlich über vier befreiende Wahrheiten nachdenken. Doch greifen Sie zuerst eine Abhängigkeit heraus, die Ihnen zu schaffen macht, etwas, woran Sie sich anklammern oder etwas, was Sie fürchten oder wonach Sie sich sehnen. Und denken Sie beim Lesen der vier folgenden Wahrheiten daran.

Erste Wahrheit: Sie müssen sich zwischen Abhängigsein und Glücklichsein entscheiden. Beides können Sie nicht haben. Sobald sich Ihr Herz eine Abhängigkeit einhandelt, kommt es aus dem Takt, und Ihre Fähigkeit, ein frohes, sorgenfreies und heiteres Leben zu führen, wird zerstört. Prüfen Sie an der von Ihnen aufgegriffenen Abhängigkeit, wie sehr das stimmt.

Zweite Wahrheit: Woher rührt denn Ihre Abhängigkeit? Jedenfalls sind Sie nicht damit auf die Welt gekommen; sie entsprang einer Lüge, die Ihnen Ihre Gesellschaft und Ihre Kultur aufgetischt oder die Sie sich selbst eingeredet haben, nämlich: daß Sie ohne dies oder das, ohne diesen oder jenen Menschen, nicht glücklich sein können. Machen Sie einfach Ihre Augen auf und sehen Sie, wie falsch das ist. Hunderte sind absolut glücklich, auch ohne diese Sache oder jenen Menschen oder bestimmte Umstände, nach denen Sie sich sehnen und von denen Sie überzeugt sind, daß Sie ohne sie nicht leben können. Also wählen Sie: Wollen Sie Abhängigkeit oder Freiheit und Glück?

Dritte Wahrheit: Wenn Sie wirklich lebendig sein wollen, müssen Sie einen Sinn dafür entwickeln, die Dinge im rechten Verhältnis zueinander zu sehen. Das Leben ist unendlich größer als diese Lappalie, an der Ihr Herz hängt und der Sie die Macht gegeben haben, Sie derart aus der Fassung zu bringen. Eine Lappalie, ja genau dies. Denn wenn Sie lange genug leben, wird bald der Tag kommen, da diese Abhängigkeit keine Rolle mehr spielt. Sie werden sich nicht einmal mehr an sie erinnern. Ihre eigene Erfahrung wird Ihnen dies bestätigen. Genauso, wie sie sich heute kaum noch an sie erinnern, geschweige denn noch irgendwie von diesen großartigen Lappalien, die Sie in der Vergangenheit so sehr beunruhigten, beeindruckt sind.

Und so bringt Sie die vierte Wahrheit zu dem unvermeidlichen Schluß, daß nichts und niemand außer Ihnen die Macht hat, Sie glücklich oder unglücklich zu machen. Ob Sie sich dessen bewußt sind oder nicht: Sie und nur Sie entscheiden darüber, ob Sie glücklich oder unglücklich sind, ob Sie an Ihrer Abhängigkeit festhalten oder nicht.

Indem Sie so über diese Wahrheiten nachdenken, wird Ihnen vielleicht bewußt, daß Ihr Herz sich widersetzt, Einspruch erhebt und sich weigert, sich damit auseinanderzusetzen. Sehen Sie das als ein Zeichen dafür, daß Sie unter Ihren Abhängigkeiten noch nicht genug gelitten haben, um wirklich etwas für Ihr inneres Radio zu tun. Oder vielleicht leistet Ihr Herz keinen Widerstand gegen diese Wahrheiten; wenn dem so ist, freuen Sie sich! Kehrt um, die Umwandlung des Herzens hat begonnen, und das Himmelreich – das dankbar sorgenfreie Leben der Kinder – ist endlich in greifbare Nähe gekommen, und Sie greifen danach und nehmen es in Besitz.

5

Was tun?

Meister, was muß ich tun,
um das ewige Leben zu gewinnen?

Matthäusevangelium 19,16

Stellen Sie sich vor, Sie sind bei einem Konzert und lauschen den Klängen der schönsten Musik. Plötzlich fällt Ihnen ein, daß Sie vergessen haben, Ihr Auto abzuschließen. Schon plagt Sie der Gedanke: Wird es nach dem Konzert noch da sein? Doch Sie können nicht einfach aufstehen und hinausgehen. Und vorbei ist es mit allem Kunstgenuß: Eine perfekte Momentaufnahme aus dem Leben der meisten Menschen.

Ja, das Leben ist für diejenigen, die Ohren haben zu hören, eine Sinfonie. Doch es gibt nur ganz, ganz wenige, die die Musik auch hören. Wieso? Weil sie nur die Geräusche vernehmen, auf die sie programmiert und abgerichtet sind. Doch da ist noch etwas: Ihre Abhängigkeiten. Eine Abhängigkeit ist eines der stärksten Mittel, das Leben abzuwürgen. Um die Sinfonie wirklich zu hören, muß man auf jedes Musikinstrument des Orchesters eingestimmt sein. Wenn Ihnen nur der Paukenwirbel gefällt, hören Sie die Sinfonie nicht mehr, da die Pauke die anderen

Instrumente ausschaltet. Sie können durchaus eine Vorliebe für Pauken oder Posaunen haben, dagegen ist nichts zu sagen; eine Vorliebe hindert Sie nicht daran, auch die anderen Instrumente gern zu hören und zu schätzen. Doch sobald Ihre Vorliebe zur Bedingung der Freude an der Musik wird, macht sie Sie für die anderen Klänge taub, sie sind Ihnen plötzlich nebensächlich. Sie hören auf einem Ohr nicht wegen dieses bestimmten Instruments, da Sie ihm eine Wichtigkeit zumessen, die in keinem vernünftigen Verhältnis mehr zu seiner eigentlichen Bedeutung steht.

Denken Sie jetzt an einen Menschen oder an etwas anderes, an dem Sie hängen: etwas oder jemand, dem Sie die Macht gegeben haben, Sie glücklich oder unglücklich zu machen. Sie werden feststellen, daß Sie sich nur noch darauf konzentrieren, das Begehrte – auch diesen Menschen – in Ihren Besitz zu bekommen; daß sich alles darum dreht, es zu behalten, damit Sie Freude haben – auf Kosten anderer Dinge und Menschen. Beobachten Sie, wie Sie diese Versessenheit gegenüber dem Rest der Welt abstumpft. Sie sind gefühllos geworden. Haben Sie den Mut und sehen Sie ein, wie voreingenommen und blind Sie sind, wenn es um diese Sache oder diesen Menschen, an dem Sie hängen, geht.

Wenn Sie das erkennen, werden Sie sich bald danach sehnen, sich von jeder Abhängigkeit freizumachen. Das Problem ist nur: wie? Verzichten oder Meiden hilft nicht, denn wenn Sie den Klang der Pauke unterdrücken, werden Sie genauso abgestumpft und gefühllos, als würden Sie nur der Pauke

Gehör schenken. Was Sie brauchen, ist nicht Verzicht, sondern Verstehen, Wissen. Wenn Ihnen Ihre Abhängigkeiten Schmerz und Sorge gebracht haben, erleichtert es Ihnen das Verstehen. Wenn Sie auch nur einmal in Ihrem Leben die Freude gespürt haben, die das Aufgeben einer Abhängigkeit mit sich bringt, ist dies eine weitere Hilfe. Ebenso hilft es, bewußt auf den Klang aller Instrumente des Orchesters zu hören. Dies kann jedoch kein Ersatz dafür sein, sich klarzumachen, was verloren geht, wenn man die Pauke überbewertet und für die anderen Instrumente des Orchesters kein Ohr mehr hat.

Sobald Sie dies erreicht haben und Ihr Musikgenuß nicht mehr von der Pauke abhängt, werden Sie Ihrem Freund niemals mehr sagen: „Wie glücklich machst Du mich!" Denn sagen Sie ihm das, schmeicheln Sie seinem Ego und beeinflussen ihn, Ihnen wieder zu gefallen. Überdies wiegen Sie sich selbst in der Illusion, Ihr Glück hinge von Ihrem Freund ab. Vielmehr sollten Sie sagen: „Als Du und ich zusammen waren, kam das Glück." So bleibt das Glück von Ihrem und seinem Ego unangetastet. Keiner von Ihnen beiden kann das Glück mehr als sein Verdienst verbuchen. Und es ermöglicht jedem, ohne Abhängigkeit vom anderen zu leben oder ohne sich an die Erfahrung zu klammern, die mit dem Zusammensein verbunden war. Dann haben Sie sich nämlich nicht aneinander, sondern an der Sinfonie erfreut, die aus Ihrer Begegnung entstand. Gehen Sie dann auf die nächste Situation, den nächsten Menschen oder die nächste Arbeit zu, so tun Sie dies ohne einen emotionalen Übertrag. Dabei werden Sie

die freudige Entdeckung machen, daß die Sinfonie auch dort und immer wieder anhebt – in immer anderen Melodien, wie es die Situation ergibt.

Fortan werden Sie von einem Augenblick zum anderen durchs Leben gehen, ganz mit der Gegenwart verbunden sein und dabei so wenig von der Vergangenheit mit sich tragen, daß Ihr Geist durch ein Nadelöhr gehen könnte; so wenig von Sorgen um die Zukunft geplagt wie die Vögel in der Luft und die Blumen auf dem Feld. Von nichts und niemandem werden Sie abhängig sein, da Sie ein Empfinden für die Sinfonie des Lebens entwickelt haben. Und Sie werden das Leben lieben, mit der leidenschaftlichen Anhänglichkeit des ganzen Herzens, der ganzen Seele, des ganzen Verstands und Ihrer ganzen Kraft. Sie werden sich selbst unbeschwert und frei wie ein Vogel am Himmel wiederfinden, der immer im Ewigen Jetzt lebt. Und Sie werden in Ihrem Herzen die Antwort auf die Frage gefunden haben: „Meister, was muß ich Gutes tun, um das ewige Leben zu gewinnen?"

6

Die Wand niederreißen

Als seine Jünger sich an ihn wandten
und ihn auf die gewaltigen Bauten des
Tempels hinwiesen, sagte er zu ihnen:
Seht ihr das alles? Amen,
das sage ich euch: kein Stein wird hier
auf dem anderen bleiben; alles wird
niedergerissen werden.

Matthäusevangelium 24,1–2

Stellen Sie sich einmal einen schlaffen Menschen vor – Schichten von Fett umgeben ihn. Genau so kann Ihr Verstand werden: schlaff und in Fettschichten eingebettet, bis er aus Trägheit und Faulheit nicht mehr beobachten, erkunden, entdecken kann. Er verliert seine Wachheit, seine Lebendigkeit, seine Spannkraft und legt sich zur Ruhe. Sie brauchen sich nur einmal umzuschauen und werden bald feststellen, daß der Verstand vieler Menschen nicht anders ist: träge, müde, mit Fettschichten bedeckt; dabei möchte er nicht gestört oder gefragt werden, um nicht vielleicht doch wach zu werden.

Was sind diese Fettschichten? Jede festgelegte Meinung, jedes Urteil über Menschen und Dinge, zu dem Sie gekommen sind, jede Gewohnheit und jede Abhängigkeit. In den Entwicklungsjahren hätte man

Ihnen helfen sollen, diese Schichten eine nach der anderen abzutragen und Ihren Geist zu befreien. Statt dessen wurden Sie von der Gesellschaft und der Kultur, die Ihren Verstand in erster Linie mit diesen Schichten umgeben haben, dazu erzogen, dies gar nicht zu erkennen, sich ruhig schlafen zu legen und anderen Leuten das Denken für Sie zu überlassen, den Experten: Politiker, maßgebende Köpfe auf dem Gebiet der Kultur und Religion. Auf diese Weise werden Sie von einer Last ungeprüfter, nicht in Frage gestellter Autorität und Tradition niedergedrückt.

Nehmen wir eine Schicht nach der anderen etwas näher unter die Lupe; zuerst Ihre Überzeugungen. Führen Sie ein Leben als Kommunist oder Kapitalist, als Muslim oder Jude – um nur diese zu nennen –, so leben Sie einseitig und voreingenommen; zwischen Ihnen und der Wirklichkeit ist eine Barriere, eine Fettschicht, weil Sie sie nicht mehr direkt sehen und mit ihr in Berührung kommen.

Zweite Schicht: Ihre Vorstellungen. Wenn Sie an Ihrer Vorstellung von einem Menschen festhalten, lieben Sie nicht mehr diese Person, sondern nur Ihr eigenes Bild von ihr. Sie sehen diese Person etwas tun oder sagen, sich in einer bestimmten Weise verhalten und stecken sie dabei in eine Schublade: „Sie ist dumm, oder, er ist langweilig, er ist scheußlich oder, sie ist sehr nett" usw. Damit haben Sie einen Schirm, eine Fettschicht zwischen sich und diesem Menschen errichtet, denn treffen Sie ihn das nächste Mal, nehmen Sie ihn nur in den Begriffen Ihrer Vorstellung von ihm wahr, auch wenn er sich noch so verändert hat. Prüfen Sie einmal, ob das nicht für die meisten Menschen, die Sie kennen, zutrifft.

Dritte Schicht: Gewohnheiten. Sie sind ein wesentlicher Bestandteil des menschlichen Lebens. Wir könnten nicht gehen, sprechen oder autofahren, würden wir uns dabei nicht auf die Gewohnheiten verlassen. Doch Gewohnheiten müssen sich auf mechanische Vorgänge beschränken – und können nicht für die Liebe oder für Sichtweisen gelten. Wer möchte aus Gewohnheit geliebt werden? Haben Sie schon einmal am Meer gestanden und wie gebannt die mächtigen Wellen und die majestätische Weite des Ozeans betrachtet? Ein Fischer schaut jeden Tag aufs Meer und nimmt von dessen Großartigkeit kaum Notiz. Warum? Es ist die abstumpfende Wirkung einer Fettschicht, die Gewohnheit heißt: Sie haben sich von allen Dingen, die Sie sehen, feste Vorstellungen gebildet, und begegnen Sie ihnen, so nehmen Sie diese nicht in ihrer ganzen, sich verändernden Neuheit wahr, sondern nur in denselben dummen, dumpfen und langweiligen Vorstellungen, die Sie aus Gewohnheit angenommen haben. Nicht anders verhalten Sie sich Menschen gegenüber: keine Frische, kein neues Sehen, sondern immer diese langweilige Routine aus Gewohnheit. Sie sind nicht imstande, sie in anderer, kreativer Weise zu sehen. Da das Betrachten der Welt und der Mitmenschen sich zu einer Gewohnheit entwickelt hat, können Sie Ihren Verstand auf „automatische Steuerung" umschalten und sich schlafen legen.

Vierte Schicht: Ihre Abhängigkeiten und Ängste. Diese Schicht ist am leichtesten zu erkennen. Breiten

Sie eine dicke Decke aus Abhängigkeit und Angst (und somit Abneigung) über alles und jeden, und sofort werden Sie nichts mehr so sehen, wie es wirklich ist. Rufen Sie sich einige Menschen ins Gedächtnis, die Sie nicht mögen, vor denen Sie sich fürchten oder an denen Sie hängen, und Sie werden sehen, wie sehr dies zutrifft.

Ist Ihnen jetzt klar geworden, daß Sie in einem Gefängnis sitzen, das aus Überzeugungen und Traditionen Ihrer Gesellschaft und Kultur, aus Vorstellungen, Vorurteilen, Abhängigkeiten und Ängsten aus Ihrer Vergangenheit besteht? Mauer um Mauer umgibt Ihre Zelle, und es scheint beinahe unmöglich, daraus auszubrechen, um mit dem Reichtum des Lebens, der Liebe und der Freiheit, der hinter Ihren Gefängnismauern liegt, in Berührung zu kommen. Und doch ist diese Aufgabe durchaus nicht unmöglich, sondern sogar einfach und schön. Was können Sie tun, um auszubrechen? Wiederum viererlei:

Erstens: Machen Sie sich klar, daß Sie von Gefängnismauern umgeben sind, und daß sich Ihr Verstand schlafen gelegt hat. Den meisten Leuten gelingt es nicht, dies einzusehen, und so leben und sterben sie als Gefängnisinsassen. Die meisten Leute enden schließlich als Konformisten; sie passen sich dem Gefängnisleben an. Einige werden Reformer; sie kämpfen für bessere Haftbedingungen: bessere Beleuchtung, bessere Belüftung. Kaum einer oder eine wird ein Rebell, eine Revolutionärin, die die Gefängnismauern niederreißt. Sie können nur dann zum Revolutionär werden, wenn Sie erst einmal die Gefängnismauern erkennen.

VORURTEILE
VORSTELLUNGEN
GEWOHNHEITEN

Zweitens: Betrachten Sie die Mauern: Verwenden Sie viel Zeit auf die Beobachtung Ihrer Vorstellungen, Ihrer Gewohnheiten, Ihrer Abhängigkeiten und Ihrer Ängste, ohne zu urteilen oder zu verurteilen. Schauen Sie sie an, und sie werden sich auflösen.

Drittens: Nehmen Sie sich Zeit, die Menschen und Dinge Ihrer Umgebung zu beobachten. Schauen Sie, aber schauen Sie alles wirklich so an, als wäre es das erste Mal: das Gesicht eines Freundes, ein Blatt, ein Baum, ein Vogel in der Luft, das Verhalten Ihrer Mitmenschen, betrachten Sie ihr Gehabe. Sehen Sie sich das alles genau an, und Sie werden sie hoffentlich neu sehen, so wie sie sind, ohne die abstumpfende, lähmende Wirkung Ihrer Vorstellungen und Gewohnheiten.

Der vierte und wichtigste Schritt: Setzen Sie sich still hin und beobachten Sie, wie Ihr Verstand arbeitet. Da ist ein ständiger Strom von Gedanken, Gefühlen und Reaktionen. Beobachten Sie das alles eine ganze Weile, so wie Sie vielleicht einen Fluß oder einen Film anschauen. Bald werden Sie es weitaus fesselnder als einen Fluß oder Film finden und um vieles lebendiger und befreiender.

Schließlich: Können Sie eigentlich von sich sagen, lebendig zu sein, wenn Sie sich nicht einmal Ihrer eigenen Gedanken und Reaktionen bewußt sind? Man sagt, ein unbewußtes Leben ist nicht wert, gelebt zu werden. Es kann nicht einmal Leben genannt werden; es ist ein mechanisches Roboterdasein; ein Schlaf, eine Bewußtlosigkeit, ein Totsein; und dennoch ist es das, was die Menschen menschliches Leben nennen!

Also schauen Sie, beobachten Sie, fragen Sie, erforschen Sie – und Ihr Verstand wird lebendig werden, sein Fett verlieren und scharf, wach und aktiv sein. Ihre Gefängnismauern werden einstürzen, bis kein Stein des Tempels mehr auf dem anderen ist, und Sie werden mit dem Geschenk einer ungehinderten Sicht der Dinge gesegnet sein – der Dinge, so wie sie sind –, mit der unmittelbaren Erfahrung der Wirklichkeit.

7

Die Klugheit der Natur

Wenn du Almosen gibst,
soll deine linke Hand nicht wissen,
das deine rechte tut.

Matthäusevangelium 6,3

Mit der Nächstenliebe ist es wie mit dem Glück oder der Heiligkeit; Sie können nicht sagen, daß Sie glücklich sind, denn sobald Sie sich Ihres Glückes bewußt sind, hören Sie auch schon auf, glücklich zu sein. Was Sie die Erfahrung von Glück nennen, ist überhaupt kein Glück, sondern Spannung und Erregung, die durch einen bestimmten Menschen oder eine bestimmte Sache hervorgerufen wird. Wahres Glück kennt keine Ursache; Sie sind einfach grundlos glücklich. Wahres Glück kann nicht experimentiert werden. Es liegt nicht im Bereich des Bewußtseins. Es ist Selbst-Unbewußtsein.

So ist es auch mit der Heiligkeit. Von dem Augenblick an, da Sie sich Ihrer Heiligkeit bewußt sind, kippt sie um und wird zur Selbstgefälligkeit. Eine gute Tat ist dann am besten, wenn Sie nicht wissen, daß sie gut ist: sie kommt so von Herzen, daß Ihnen Ihre Güte und Tugend gar nicht in den Sinn kommen. Ihre linke Hand hat keine Ahnung, daß Ihre rechte etwas Gutes oder Verdienstvolles tut. Sie tun

41

es einfach, weil es Ihnen ganz selbstverständlich erscheint. Nehmen Sie sich einmal etwas Zeit, sich darüber Klarheit zu verschaffen, daß jede Tugend, die Sie bei sich feststellen, keine Tugend ist, sondern etwas, was Sie geschickt herangezüchtet, hervorgebracht und womit Sie sich selbst Gewalt angetan haben. Wäre es wahre Tugend, hätten Sie sich aufrichtig gefreut, und es wäre für Sie so natürlich, daß Ihnen dabei nicht im entferntesten der Gedanke an Tugend gekommen wäre. Somit ist die erste Eigenschaft der Heiligkeit das eigene Nichtwissen um sie.

Das zweite Kennzeichen liegt darin, daß sie keiner Anstrengung bedarf. Mit Anstrengung kann man Verhaltensweisen ändern, aber nicht sich selbst. Stellen Sie sich das etwa so vor: Mit Anstrengung können Sie einen Bissen in den Mund bringen, aber keinen Appetit wecken: mit Anstrengung können Sie im Bett bleiben, aber nicht einschlafen; mit Anstrengung können Sie jemandem ein Geheimnis verraten, aber kein Vertrauen schaffen; mit Anstrengung können Sie Komplimente machen, aber keine wirkliche Bewunderung empfinden; mit Anstrengung lassen sich Gefälligkeiten tun, doch alle Anstrengung ist umsonst, wenn es um Liebe oder Heiligkeit geht. Alles, was Sie mit Anstrengung erreichen können, ist Verdrängung, aber keine eigentliche Veränderung und kein echtes Wachstum. Veränderung tritt allein durch Erkennen und Verstehen ein.

Verstehen Sie Ihr Unglücklichsein, und es wird verschwinden – übrig bleibt das Glück. Verstehen Sie Ihren Stolz, und er wird von Ihnen abfallen –

was bleibt, ist Demut. Verstehen Sie Ihre Ängste, und sie werden sich auflösen – was daraus folgt, ist Liebe. Verstehen Sie Ihre Abhängigkeiten, und sie werden sich verlieren – die Konsequenz ist Freiheit, Liebe. Freiheit und Glück lassen sich nicht züchten und erzeugen. Man weiß nicht einmal, was sie eigentlich sind. Was Sie tun können ist nur, ihre Gegensätze zu beobachten und diese Gegensätze – indem Sie auf sie achten – absterben zu lassen.

Heiligkeit hat noch ein drittes Merkmal: Sie kann nicht gewollt werden. Wenn Sie das Glück wollen und herbeisehnen, werden Sie immerfort ängstlich darum besorgt sein, es auch zu erreichen. Sie werden ständig in einem Zustand der Unzufriedenheit leben. Und Unzufriedenheit und Sorge töten das Glück, das Sie eigentlich erlangen wollen. Wenn Sie nach Heiligkeit verlangen, nähren Sie Gier und Ehrgeiz, die Sie selbstsüchtig, eitel und unheilig machen.

Etwas müssen Sie verstehen: Zwei Quellen der Veränderung sind in Ihnen: Die eine ist die Raffiniertheit Ihres Ego, die Sie zu dem Bemühen drängt, etwas anderes zu werden als Sie eigentlich sind, und sich großzutun und zu glänzen.

Die andere Quelle ist die Klugheit der Natur. Diese Klugheit führt Sie zu Erkennen und Verstehen. Alles, was Sie zu tun haben, ist: Die Veränderung – ihre Art und Weise, die Schnelligkeit und den Zeitpunkt – der Wirklichkeit und der Natur zu überlassen. Ihr Ego ist ein großartiger Techniker, es kann aber nicht schöpferisch sein. Es verläßt sich auf Methoden und Techniken und erzeugt sogenannte Heilige, die streng, konsequent, mechanisch, blutleer und so intolerant gegen andere wie gegen sich selbst sind: gewaltsame Menschen – das genaue Gegenteil von Heiligkeit und Liebe. Es ist der Typ „spiritueller" Menschen, die vom Bewußrsein ihrer Spiritualität erfüllt hingehen, den Messias zu kreuzigen. Die Natur ist kein Techniker, sie ist schöpferisch. Sie sind Schöpfer und kein gerissener Techniker, wenn Hingabe in Ihnen ist und nicht Gier, Ehrgeiz, Furcht, nicht Streben nach Glanz und nach Mehr. Alles, was Sie dann haben, ist ein scharfes, waches, eindringliches, aufmerksames Bewußtsein, das alle Torheit und Selbstsucht, alle Abhängigkeiten und Ängste in Nichts auflöst. Die daraus folgenden Veränderungen sind nicht das Ergebnis Ihrer großartigen Planungen und Anstrengungen, sondern das Werk der Natur, die sich nicht um Ihre Pläne und Vorhaben kümmert, und damit auf der Seite der linken Hand keinen Raum gibt für Gefühle persönlichen Verdienstes, eigener Leistung oder gar ein Wissen davon, was die Wirklichkeit mit Hilfe Ihrer rechten Hand tut.

8

Einklang mit der Natur

Seid daher klug wie die Schlangen
und arglos wie die Tauben!

Matthäusevangelium 10,16

Sehen Sie die Klugheit der Tauben, der Blumen, Bäume und aller Natur. Es ist dieselbe Klugheit, die das für uns tut, was unser Verstand niemals tun könnte: sie läßt unser Blut zirkulieren, unser Herz pumpen, verdaut unser Essen, dehnt unsere Lungen, baut die Abwehrkräfte in unserem Körper auf und heilt unsere Wunden, während unser denkender Verstand mit anderen Dingen beschäftigt ist. Diese Art von Natur-Klugheit beginnen wir erst jetzt bei den sogenannten primitiven Völkern zu entdecken, die – wie die Tauben – einfach und klug sind.

Wir, die wir uns für fortgeschrittener halten, haben eine andere Art von Klugheit entwickelt: die Schlauheit des Verstandes. Wir haben nämlich gemerkt, daß wir der Natur nachhelfen können und uns selbst damit Sicherheit, Schutz, längere Lebenszeit, schnelle Fortbewegung und Komfort zu verschaffen vermögen, wie es primitiven Völkern unbekannt ist. Und dies alles dank eines hochentwickelten Verstandes. Die Herausforderung für uns liegt darin, die Einfachheit und Klugheit der Taube wiederzuerlangen, ohne die Schlauheit des Verstandes der Schlange zu verlieren.

Wie ist das zu erreichen? Durch eine wichtige Einsicht, nämlich die, daß Sie immer dann, wenn Sie die Natur zu verbessern suchen, indem Sie in sie eingreifen, Sie sich selbst schaden, denn die Natur ist Ihr Sein. Es ist so, als wollte Ihre rechte Hand gegen die linke kämpfen, oder Ihr rechter Fuß gegen den linken treten. Beide Seiten verlieren, und statt schöpferisch und lebendig zu sein, verwickeln Sie sich in Konflikte. In dieser Situation befinden sich die meisten Menschen.

Schauen Sie sie an: sie sind tot, ohne schöpferische Kraft, festgefahren, weil sie in Konflikten mit der Natur stecken, da sie sich besser zu machen suchen, indem sie dem entgegenhandeln, was ihre Natur fordert. Im Widerstreit zwischen Natur und Ihrem Verstand sollten Sie die Natur begünstigen; kämpfen Sie gegen die Natur, wird sie Sie vielleicht zerstören. Das Geheimnis besteht also darin, die Natur im Einklang mit der Natur zu verbessern. Wie ist dieser Einklang zu erreichen?

Erstens: Stellen Sie sich eine Veränderung vor, die Sie an Ihrem Leben oder an Ihrer Persönlichkeit zustande bringen möchten. Versuchen Sie, Ihrer Natur diese Veränderung mit Gewalt und dem festen Willen, etwas zu werden, das Ihr Ego geplant hat, aufzuzwingen? Das wäre die Schlange, die gegen die Taube kämpft. Oder Sie sind bereit, Ihren jetzigen Zustand und die Probleme zu beobachten, zu erkennen, ohne etwas durchsetzen zu wollen, was Ihr Ego möchte, vielmehr es der Wirklichkeit zu überlassen, Veränderungen zu erreichen, die im Einklang mit den Plänen der Natur und nicht mit Ihren Überlegungen stehen. Dann haben Sie die perfekte Mischung zwischen Schlange und Taube.

Werfen Sie einen Blick auf einige Ihrer Probleme, auf die Veränderungen, die Sie für sich anstrebten, und beobachten Sie, wie Sie dabei vorgehen. Erkennen Sie, daß Sie sowohl bei sich selbst als auch bei anderen Veränderungen erzwingen wollen: durch Strafe und Belohnung, durch Disziplin und Kontrolle, durch Predigen und Schuldgefühle, durch Gier und Stolz, Ehrgeiz und Eitelkeit, und nicht durch liebevolles Verstehen und Geduld, durch entgegenkommendes Verständnis und waches Bewußtsein.

Zweitens: Stellen Sie sich Ihren Körper vor und vergleichen Sie ihn mit dem Körper eines Tieres, das in seiner naturgegebenen Umgebung lebt. Das Tier hat niemals Übergewicht, ist niemals angespannt, es sei denn, vor einem Kampf oder auf der Flucht. Es ißt und trinkt nichts, was ihm nicht bekommt. Das Tier hat alle Ruhe und alle Bewegung, die es braucht. Es ist den Elementen im rechten Maße ausgesetzt – dem Wind und der Sonne, der Hitze und der Kälte. Denn das Tier hört auf seinen Körper und duldet es, von der Klugheit des Körpers geführt zu werden. Stellen Sie dem Ihre eigene törichte Schlauheit gegenüber. Was würde Ihnen Ihr Körper sagen, wenn er sprechen könnte? Beobachten Sie die Gier, den Ehrgeiz, die Eitelkeit, die Wichtigtuerei und das Imponiergehabe, die Schuld, die Sie für die Stimme

Ihres Körpers taub macht, während Sie allem nach-jagen, was sich Ihr Ego als Ziel gesetzt hat. Sie haben ohne Frage die Einfachheit der Taube verloren.

Drittens: Fragen Sie sich selbst, in wieweit Sie in Beziehung zur Natur stehen – zu den Bäumen und der Erde, dem Gras, dem Himmel, dem Wind und Regen, zur Sonne, zu den Blumen, den Vögeln und Lebewesen. Wie weit setzen Sie sich der Natur aus? Wie oft kommunizieren Sie mit ihr, beobachten sie, betrachten sie mit Staunen, identifizieren sich mit ihr? Wenn Ihr Körper den Elementen zu lange ent-zogen ist, wird er schlaff und gebrechlich, weil ihm seine Lebenskraft entzogen ist. Wenn Sie zu lange von der Natur getrennt sind, welkt ihr Geist und stirbt, weil seine Wurzeln ausgerissen sind.

9

Wie die Rose

*Bis heute wird dem Himmelreich
Gewalt angetan; die Gewalttätigen
reißen es an sich.*

Matthäusevangelium 11,12

Vergleichen Sie die heitere, stille Pracht einer blühenden Rose mit der Anspannung und Rastlosigkeit Ihres Lebens. Die Rose besitzt eine Gabe, die Sie nicht haben: Sie ist ganz und gar damit zufrieden, sie selbst zu sein. Ihr wurde nicht von klein auf eingeflößt, mit sich selbst unzufrieden zu sein, und so verspürt sie nicht das leiseste Drängen, etwas anderes zu sein, als sie ist. Daher besitzt sie natürliche Anmut und kennt keinen inneren Zwiespalt, wie es unter Menschen nur den Kindern und Mystikern gegeben ist.

Betrachten Sie Ihren eigenen traurigen Zustand. Immerfort sind Sie mit sich unzufrieden, wollen sich ändern. Darum sind Sie voller Gewalttätigkeit und Unduldsamkeit sich selbst gegenüber, was sich umso mehr steigert, je angestrengter Sie sich ändern wollen. Dadurch wird jede Veränderung, die Sie erreichen, von einem inneren Konflikt begleitet. Und Sie leiden, wenn Sie andere sehen, die erreichen, was Ihnen nicht gelingt, und die das werden, was Sie nicht sind.

Würde Sie auch dann noch Eifersucht und Neid quälen, wenn Sie wie die Rose mit dem zufrieden wären, was Sie sind, und nie nach dem trachten, was Sie nicht sind? Doch es drängt Sie – oder etwa nicht? –, so zu sein wie Ihr Nachbar, der ein größeres Wissen hat, besser aussieht, erfolgreicher oder beliebter ist als Sie? Sie möchten größere Tugenden besitzen, liebevoller sein, meditativer; Sie möchten Gott finden, Ihren Idealen näherkommen. Denken Sie an die traurige Geschichte Ihrer Anstrengungen, sich selbst zu verbessern, die entweder in einer Katastrophe endeten oder nur zum Preis von Kampf und Schmerz zum Erfolg führten.

Nehmen wir nun an, Sie geben alle Anstrengungen auf, sich selbst ändern zu wollen, und auch alle Unzufriedenheit mit sich selbst – wären Sie dann dazu verurteilt, sich schlafen zu legen und alles in und um sich passiv hinzunehmen? Zwischen angestrengtem Sich-Selbst-Zwingen auf der einen Seite und träger Hinnahme auf der anderen gibt es noch einen anderen Weg: den des Selbstverstehens. Es ist durchaus kein einfacher Weg, weil er vollständigen Verzicht auf jegliches Bemühen verlangt, sich von dem, was Sie sind, in etwas anderes zu verändern. Sie werden das einsehen, wenn Sie die Einstellung eines Forschers, der die Gewohnheiten der Ameisen untersucht und sie dabei nicht im geringsten ändern will, mit dem Verhalten eines Hundetrainers vergleichen, der die Gewohnheiten des Hundes im Hinblick darauf beobachtet, ihnen etwas beizubringen. Wenn Sie nicht bestrebt sind, sich selbst zu ändern, sondern sich selbst zu beobachten, jede einzelne

Ihrer Reaktionen gegenüber Menschen und Dingen genau zu studieren, ohne dabei zu urteilen oder zu verurteilen und ohne die Absicht, sich umzuformen, dann werden Ihre Beobachtungen sich nicht nur auf bestimmte Punkte richten, sie werden umfassend und nie auf starre Folgerungen fixiert sein, stets offen und von einem Augenblick zum anderen neu. Dann werden Sie feststellen, daß etwas Wunderbares mit Ihnen geschieht: das Licht des Bewußtwerdens wird Sie durchfluten, und Sie werden offen und verändert sein.

Wird dann ein Wandel stattfinden? Durchaus: bei Ihnen und in Ihrer Umgebung. Er wird aber nicht durch ihr raffiniertes, rastloses eigenes Ich zustande

gebracht, das in seiner Intoleranz und seinem Ehrgeiz ewig wetteifert, vergleicht, erzwingt, predigt
und Einfluß zu nehmen versucht – und dadurch
Spannung, Konflikt und Widerstand zwischen Ihnen
und der Natur hervorruft: ein überaus anstrengen-
der, selbstzerstörerischer Vorgang – als würde man
mit angezogener Bremse fahren. Nein, das verwan-
delnde Licht des Bewußtwerdens wischt Ihr ränke-
schmiedendes, selbstsüchtiges Ego weg und läßt der
Natur freien Lauf, damit die Art von Veränderungen eintreten kann, die sie bei der Rose bewirkt:
natürlich, anmutig, unbefangen, gesund, von inneren Konflikten unberührt.

So lebt sie in der Glückseligkeit und Schönheit
wie die Vögel des Himmels und die Blumen des Fel-
des, ohne eine Spur von Unruhe und Unzufriedenheit, Eifersucht, Angst und Konkurrenzkampf, diesen Kennzeichen der Welt der Menschen, die zu kontrollieren und erzwingen suchen, anstatt zufrieden
da zu sein in dem Bewußtsein, alle Verantwortung
der mächtigen Kraft Gottes in der Natur zu überlassen.

10

Der königliche Weg

Sie sagten: Meister, wir wissen,
daß du aufrichtig redest und lehrst
und nicht auf die Person siehst.

Lukasevangelium 20,21

Schauen Sie auf Ihr Leben, und Sie werden sehen, daß Sie seine Leerräume mit Menschen ausgefüllt haben. Die Folge davon ist: Die Menschen haben Sie völlig im Griff. Sie werden sehen, daß Ihr eigenes Verhalten von deren Zustimmung oder Ablehnung bestimmt wird. Diese Menschen haben die Macht, Ihre Einsamkeit durch ihre Gesellschaft zu lindern, Sie mit Lob himmelhochjauchzend oder mit ihrer Kritik und Ablehnung zu Tode betrübt zu machen. Sehen Sie bei sich selbst, daß Sie jede Minute des Tages damit verbringen, anderen Leuten – ob lebend oder tot – zu schmeicheln und zu gefallen. Sie leben nach ihren Normen, richten sich nach ihren Maßstäben, suchen ihre Gesellschaft, begehren ihre Liebe, fürchten ihren Spott, verlangen nach ihrem Applaus, tragen geduldig die Schuld, die sie Ihnen aufladen; Sie haben große Angst davor, durch Ihre Kleidung, durch die Art Ihres Sprechens, Ihres Handelns und Denkens gegen die Norm zu verstoßen. Bedenken Sie, daß Sie von den Menschen abhängig und ihr Sklave sind, selbst wenn diese Ihnen unterstellt sind.

Die anderen sind ein so wesentlicher Bestandteil Ihres Daseins geworden, daß Sie sich kein Leben mehr vorstellen können, das nicht von ihnen beeinflußt oder kontrolliert wird. Die Leute haben Sie tatsächlich davon überzeugt, daß Sie zur Insel würden, wenn Sie sich von ihnen befreien: eine einsame, trostlose, ungeliebte Insel. Doch das Gegenteil ist der Fall. Wie können Sie einen Menschen lieben, für den Sie ein Sklave sind? Wie können Sie einen Menschen lieben, ohne den Sie nicht leben können? Das einzige, was Sie können, ist: verlangen, brauchen, abhängig sein, fürchten und kontrolliert werden. Liebe ist nur in Furchtlosigkeit und Freiheit zu finden. Wie erlangen Sie diese Freiheit? Mit einem doppelten Angriff auf Abhängigkeit und Sklaverei.

Zuerst: Bewußtwerden. Es ist nahezu unmöglich, abhängig und ein Sklave zu sein, wenn man ständig die Verrücktheit seiner Abhängigkeit beobachtet. Es mag freilich sein, daß Bewußtwerden für den nicht genug ist, der auf Menschen süchtig ist. Sie müssen Tätigkeiten entwickeln, die Sie lieben, müssen Beschäftigungen entdecken, denen Sie nicht nur deshalb nachgehen, weil sie nützlich sind, sondern aus purem Selbstzweck. Stellen Sie sich etwas vor, was Sie nur aus Freude an der Sache selbst tun, egal, ob Sie damit Erfolg erzielen oder nicht, ob Sie dafür gelobt werden oder nicht, ob Sie dafür geliebt und belohnt werden oder nicht, ob andere davon wissen und Ihnen dafür dankbar sind oder nicht. Wie viele Tätigkeiten in Ihrem Leben können Sie aufzählen, denen Sie nur deshalb nachgehen, weil sie Ihnen einfach Spaß machen? Entdecken Sie solche Tätigkeiten, pflegen Sie sie, denn sie sind der Schlüssel zu Freiheit und Liebe.

Auch hierin könnte Ihnen eine utilitaristische Denkweise eingehämmert worden sein: Ein Gedicht zu hören, eine Landschaft zu betrachten oder ein Musikstück zu genießen ist bloße Zeitverschwendung; Sie selbst müssen ein Gedicht verfassen, ein Lied komponieren oder ein Bild malen. Doch das alles nur zu schaffen, hat an sich wenig Wert: Ihr Werk muß bekannt werden! Was ist damit ausgerichtet, wenn es niemand kennt? Und selbst wenn es bekannt ist, heißt das noch nichts, so lange die Leute keinen Beifall und kein Lob spenden. Ihr Werk hat den höchsten Wert erreicht, wenn es berühmt ist und gekauft wird. Auf diese Weise sind Sie wiederum in den Fängen und unter der Kontrolle der Leute. Dementsprechend bemißt sich der Wert einer Handlung nach dem Erfolg und nicht danach, ob Sie aus Liebe und um ihrer selbst willen getan wurde.

Der königliche Weg zu Mystik und Wirklichhkeit führt nicht durch die Welt der Menschen; er führt durch die Welt der Taten, in die man sich um ihrer selbst willen verliert, ohne auf Erfolg oder möglichen Gewinn zu schauen. Im Gegensatz zu einer landläufigen Meinung sind nicht Gesellschaft und Geselligkeit das wirksame Mittel gegen Lieblosigkeit und Einsamkeit, sondern der Kontakt mit der Wirklichkeit. In dem Augenblick, da Sie diese Wirklichkeit berühren, werden Sie wissen, was Freiheit

und Liebe ist. Freiheit von Menschen – und somit die Fähigkeit, sie zu lieben.

Sie dürfen nicht meinen, daß Sie zuerst anderen begegnen müssen, um die Liebe in Ihrem Herzen zu wecken. Das wäre keine Liebe, sondern Angezogen-werden oder Mitgefühl. Liebe entspringt vielmehr in Ihrem Herzen aus Ihrem Kontakt mit der Wirklichkeit. Nicht Liebe zu einer bestimmten Person oder Sache, sondern die Wirklichkeit der Liebe: ein Verhalten, eine Bereitschaft zur Liebe. Bald wird diese

Liebe nach außen dringen und die Welt der Dinge und Menschen erleuchten.

Wenn Sie möchten, daß es diese Liebe in Ihrem Leben gibt, müssen Sie Ihre innere Abhängigkeit von Menschen aufgeben, indem Sie diese Abhängigkeit erkennen und sich Tätigkeiten nur um ihrer selbst willen widmen.

11

Ohne Furcht und Formel

Nennt mich nicht Rabbi,
denn ihr habt nur einen Lehrer,
und ihr alle seid Brüder.

Matthäusevangelium 20,8

Sie können jemanden finden, der Ihnen mechanische, wissenschaftliche oder mathematische Kenntnisse und Fähigkeiten wie Algebra, Englisch, Radfahren oder das Bedienen eines Computers beibringt. Aber das, was wirklich wichtig ist – Leben, Liebe, Wirklichkeit, Gott –, das kann Sie niemand lehren. Das einzige, was man tun kann, ist, Ihnen Formeln in die Hand zu geben. Und haben Sie eine Formel, haben Sie die durch den Verstand eines anderen gefilterte Wirklichkeit. Verwenden Sie diese Formeln, sind Sie eingesperrt. Sie welken dahin; und sterben Sie, haben Sie nicht erfahren, was es heißt, selbst zu sehen und selbst zu lernen.

Sehen Sie es vielleicht so: In Ihrem Leben hat es Augenblicke mit Erfahrungen gegeben, bei denen Sie wußten, daß Sie sie mit ins Grab nehmen werden, weil Sie keine passenden Worte fanden, um anderen diese Erfahrung mitteilen zu können. Tatsächlich gibt es in keiner menschlichen Sprache Worte, um genau das auszudrücken, was Sie erfahren

GRIECHISCH
LATEIN
PHYSIK
ALGEBRA

haben. Denken Sie zum Beispiel an das Gefühl, das Sie erfaßte, als Sie einen Vogel über einen See fliegen sahen, einen Grashalm aus einem Mauerspalt sprießen sahen, als Sie mitten in der Nacht ein Baby schreien hörten, als Sie die Schönheit eines nackten menschlichen Körpers empfanden oder einen starren Leichnam in einem Sarg anblickten. Sie können versuchen, anderen diese Erfahrung mit Musik, in einem Gedicht oder einem Gemälde zu vermitteln. Aber in Ihrem Herzen wissen Sie, daß niemand verstehen wird, was Sie sahen und empfanden. Sie sind mehr oder weniger ohnmächtig, es auszudrücken, geschweige denn, es jemanden zu lehren.

Genau das empfindet ein geistlicher Meister, den Sie darum bitten, Sie über das Leben, über Gott und die Wirklichkeit zu unterweisen. Was er tun kann, ist, eine neue Formel zu geben, eine Folge von Wörtern, die zu einer Formel zusammengefaßt sind. Aber was Sie wahrnehmen, paßt in keine Formel, ob Sie Ihnen ein anderer gegeben hat oder ob sie von Ihnen selbst gefunden wurde; Ihr Wahrnehmen kann einfach nicht in Worte gefaßt werden. Was kann dann ein Lehrer tun? Er kann Sie nur darauf hinweisen, was unwirklich ist, die Wirklichkeit selbst kann er nicht zeigen; er kann Ihnen die Formel öffnen, aber worauf sie hinweist, kann er nicht wiederum formulieren; er kann Ihren Irrtum aufzeigen, kann Sie aber nicht in den Besitz der Wahrheit bringen. Ein Lehrer kann höchstens in die Richtung der Wahrheit zeigen, er kann Ihnen aber nicht sagen, was zu sehen ist. Sie werden ganz allein aufbrechen und selbst entdecken müssen.

Alleine gehen, das heißt ohne alle Formeln gehen, ob sie Ihnen andere gegeben oder Sie diese aus Büchern gelernt oder sie auf Grund eigener Erfahrungen gefunden haben. Vielleicht ist dies das Beängstigendste, was ein Mensch tun kann: in das Unbekannte aufbrechen ohne den Schutz einer Formel. Ausziehen aus der Welt der Menschen wie die Propheten und Mystiker heißt nicht, die Gesellschaft zu verlassen, sondern ihre Formeln. Wenn Sie auch von Menschen umgeben sind, sind Sie doch in Wirklichkeit ganz allein. Eine erschreckende Einsamkeit! Diese Einsamkeit, dieses Alleinsein ist Schweigen. Nur dieses Schweigen werden Sie sehen. Und in dem Augenblick, in dem Sie sehen, werden Sie jedes Buch, jeden Führer und jeden Guru von selbst aufgeben.

Was ist das, was Sie sehen werden? Alles und nichts: ein zu Boden fallendes Blatt, das Verhalten eines Freundes, die sich kräuselnden Wellen auf einem See, einen Haufen Steine, ein verfallenes Haus, eine überfüllte Straße, einen Himmel voller Sterne, alles mögliche. Nachdem Sie gesehen haben, könnte Ihnen vielleicht jemand zu helfen versuchen, das Geschaute in Worte zu fassen. Doch Sie werden den Kopf schütteln – nein, so nicht –, das ist nur eine neue Formel. Wieder ein anderer könnte versuchen, die Bedeutung dessen, was Sie gesehen haben, zu erklären, und Sie werden aufs neue den Kopf schütteln, denn eine Bedeutung ist eine Formel, etwas, was auf den Begriff gebracht werden kann und für den denkenden Verstand Sinn ergibt – doch was sie sahen, liegt jenseits aller Formeln und Bedeutungen.

Und eine seltsame Veränderung wird in Ihnen vorgehen, zunächst kaum wahrnehmbar, und doch bis in die Tiefe reichend. Denn wenn Sie gesehen haben, werden Sie niemals mehr der- oder dieselbe sein. Sie werden die belebende Freiheit, das außerordentliche Vertrauen spüren, das aus dem Wissen rührt, daß jede Formel wertlos ist, egal wie heilig. Dann werden Sie auch niemals mehr jemanden Ihren Lehrer nennen. Dann werden Sie niemals aufhören zu lernen, denn an jedem neuen Tag beobachten und verstehen Sie von neuem den ganzen Prozeß und die Bewegung des Lebens. Dann wird jedes einzelne Ding Ihr Lehrer sein.

12

Die Kraft der Unschuld

*Amen, das sage ich euch: Wenn
ihr nicht umkehrt und wie die
Kinder werdet, könnt ihr nicht in
das Himmelreich kommen.*

Matthäusevangelium 18,3

Das erste auffallende Merkmal, das jeden an-
rührt, der in die Augen eines Kindes sieht, ist
dessen Unschuld: das entzückende Unvermögen,
einen anzulügen, eine Maske zu tragen, einem vor-
zumachen, etwas anderes zu sein als es ist. Darin ist
das Kind genau wie übrige Natur. Ein Hund ist ein
Hund, eine Rose eine Rose, ein Stern ein Stern; alles
ist ganz einfach das, was es ist. Nur der erwachsene
Mensch kann das eine sein, und so tun, als sei er etwas anderes. Wenn Erwachsene ein Kind dafür be-
strafen, daß es die Wahrheit sagt, daß es ausspricht,
was es denkt und fühlt, lernt das Kind sich zu ver-
stellen, und seine Unschuld wird zerstört. Bald wird
es zur großen Masse derer zählen, die ratlos feststellen: „Ich weiß nicht, wer ich bin." Denn indem sie
die Wahrheit über sich selbst vor anderen lange genug verstecken, verstecken Sie sie schließlich vor
sich selbst. Wieviel von der Unschuld der Kinder
haben Sie noch bewahrt? Gibt es heute einen Menschen, in dessen Gegenwart Sie einfach und un-

eingeschränkt Sie selbst sein können, so unverhüllt offen und unschuldig wie ein Kind?

Es gibt eine andere, feinsinnigere Weise, die Unschuld der Kindheit zu verlieren: Wenn das Kind von dem Wunsch angesteckt ist, ein anderer zu werden. Denken Sie an die Scharen von Menschen, die alle Macht und Kraft daran setzen, nicht das zu werden, was sie der Natur nach werden sollten – Musiker, Koch, Mechaniker, Zimmermann, Gärtnerin, Erfinder –, sondern ein anderer zu werden: erfolgreich, berühmt, mächtig; etwas zu werden, was nicht stille Selbsterfüllung bringt, sondern Selbstverherrlichung und Selbstaufwertung. Sie haben dann Menschen vor sich, die ihre Unschuld verloren haben, weil sie sich dafür entschieden, nicht sie selbst zu sein, sondern sich hervorzutun, Eindruck zu machen, und sei es auch nur in ihren eigenen Augen.

Wie ist es denn in Ihrem eigenen Leben? Gibt es einen einzigen Gedanken, ein einziges Wort, eine einzige Tat, die nicht vom Wunsch beeinträchtigt wäre, ein anderer zu werden, auch wenn alles, was Sie zu erlangen suchen, geistlicher Erfolg sein sollte oder Sie ein Heiliger werden möchten, den kein anderer kennt als Sie selbst? Das Kind überläßt es – nicht anders wie das unschuldige Tier – seiner Natur, um das zu sein und zu werden, was es ist. Ein Erwachsener, der seine Unschuld bewahrt hat, fügt sich wie das Kind dem Drang der Natur und seiner Bestimmung, ohne einen Gedanken daran, eine bedeutende Persönlichkeit werden zu wollen und andere zu beeindrucken. Doch anders als Kinder verlassen sich Erwachsene auf kein Gefühl, es

bleibt ihnen nur der Weg des fortwährenden Sich-Bewußtmachens von allem in ihnen und um sie herum; dieses Gewahrwerden ist es nun, das sie vor Bösem schützen und ihnen das Wachstum bringen kann, das die Natur für sie vorgesehen hat und nicht von ihrem ehrgeizigen eigenen Selbst erdacht wurde.

Hier ist eine weitere Methode, mit der Erwachsene die Unschuld von Kindern verderben: Sie lehren das Kind, jemanden nachzuahmen. Sobald sie ein Kind zu einer Kopie machen, zertreten sie den Funken der Einmaligkeit, mit dem es auf die Welt kam.

Sobald sie wie jemand anderer werden wollen – sei er oder sie noch so großartig und heilig –, haben Sie Ihr Wesen verkauft. Denken Sie betrübt an den göttlichen Funken der Einmaligkeit, der in Ihnen ist und unter Schichten von Angst glüht. Die Angst davor, verspottet oder abgelehnt zu werden, wenn Sie es wagen, Sie selbst zu sein, und sich weigern, sich automatisch – durch Ihre Kleidung, die Art Ihres Denkens und Handelns – anzupassen. Erkennen Sie, daß Sie sich nicht nur in Ihrem Denken und Tun, sondern auch in Ihren Reaktionen, Ihrem Empfinden, Ihren Einstellungen und Wertvorstellungen anpassen. Sie wagen es nicht, dieses Sich-Preisgeben aufzugeben und Ihre ursprüngliche Unschuld zurückzufordern. Es ist der Preis, den Sie für die Aufnahme in Ihre Gesellschaft oder Gruppe zahlen müssen. Damit treten Sie in der Welt der Liebediener und der Überwachten ein und sind ausgeschlossen aus dem Reich, das der kindlichen Unschuld gehört.

Ein anderer subtiler Weg, Ihre Unschuld zu zerstören, besteht schließlich darin, mit anderen in Konkurrenz zu treten und sich mit Ihnen zu vergleichen. Tun Sie dies, tauschen Sie Ihre Einfachheit gegen den Ehrgeiz ein, so gut, wenn nicht gar besser als der andere zu sein. Bedenken Sie, Kinder sind deshalb fähig, ihre Unschuld zu bewahren und wie die übrige Schöpfung in der Seligkeit des Himmelreiches zu leben, weil sie nicht von dem aufgesogen worden sind, was wir die Welt nennen: diesen Bereich der Dunkelheit, der von den Erwachsenen bewohnt wird, die ihr Leben nicht mit leben verbringen, sondern damit, Applaus und Bewunderung zu erheischen; nicht in seligem Selbstsein, sondern in zwanghaftem Vergleichen und Wetteifern, im Streben nach Nichtigkeiten wie Erfolg und Ruhm, selbst um den Preis von Niederlagen, Erniedrigungen und Zugrunderichten anderer. Wenn Sie es sich zugestehen, die Qualen dieser Hölle auf Erden wirklich zu empfinden, die ausgesprochene Leere, die sie bringt, werden Sie gewiß bald aufbegehren, eine Abneigung spüren, die so tief ist, daß sie die Ketten der Abhängigkeit und Täuschung sprengt, die um Ihre Seele geschmiedet wurden. Dann werden Sie eintreten in das Himmelreich der Unschuld, in dem die Mystiker und Kinder wohnen.

13

Was ist Liebe?

Das ist mein Gebot:
Liebt einander,
so wie ich euch geliebt habe.

Johannesevangelium 15,12

Was ist Liebe? Nehmen Sie zum Beispiel eine Rose: Kann die Rose sagen: „Für gute Menschen will ich meinen Duft verströmen, doch vor bösartigen halte ich ihn zurück"? Oder können Sie sich eine Lampe vorstellen, die einem boshaften Menschen, der in ihrem Schein gehen möchte, nicht leuchtet? Sie wäre dann keine Lampe mehr. Und wie hilflos und wahllos spendet ein Baum allen seinen Schatten: gut und böse, jung und alt, hoch und niedrig; Tieren, Menschen, jedem Lebewesen – sogar dem, der ihn fällen möchte. Somit ist das erste Merkmal der Liebe: Sie wählt nicht aus. Deshalb werden wir auch ermahnt, wie Gott zu sein, „der seine Sonne über Gute und Böse scheinen läßt, und den Regen auf Heilige und Sünder fallen läßt; darum sollt ihr gut sein, wie euer Vater im Himmel gut ist". Betrachten Sie mit Staunen die reine Güte der Rose, der Lampe, des Baumes, denn hier haben Sie ein Bild dessen, was letztlich Liebe ist.

Was ist zu tun, um solche Liebe zu erlangen?

Alles, was Sie tun, wird sie nur gezwungen, gekünstelt und darum unecht machen, denn Liebe läßt sich nicht erzwingen. Es gibt nichts, was Sie tun könnten. Doch gibt es etwas, wovon Sie lassen könnten. Achten Sie darauf, welch wunderbare Veränderung in Ihnen vor sich geht, sobald Sie die Menschen nicht mehr in gut und böse, in Heilige und Sünder einteilen, sondern sie als nicht wahrnehmend und unwissend zu sehen beginnen. Geben Sie den Irrglauben auf, daß Menschen im Bewußtsein sündigen können. Niemand kann im Licht des Bewußtseins sündigen. Sünde geschieht nicht – wie wir fälschlicherweise meinen – aus Bosheit, sondern aus Unwissenheit. „Vater, vergib ihnen, denn sie wissen nicht, was sie tun." Dies zu erkennen heißt, die bewundernswerte Fähigkeit einer Rose, einer Lampe, eines Baumes zu erlangen.

Zum Wesen der Liebe gehört ferner, daß sie ein Geschenk ist. Wie die Rose, die Lampe und der Baum gibt sie und verlangt nichts zurück. Wie sehr verachten wir den Mann, der sich bei der Wahl seiner Frau nicht von einem Vorzug, den sie haben mag, bestimmen läßt, sondern von ihrer Mitgift. Ein solcher Mann, sagen wir zu Recht, liebt nicht die Frau, sondern den finanziellen Vorteil, den er durch sie erhält. Doch ist Ihre Liebe um so viel anders, wenn sie die Gesellschaft und Nähe derer suchen, die Ihnen emotionale Befriedigung einbringen, und diejenigen meiden, bei denen dies nicht so ist; wenn Sie denen gegenüber positiv eingestellt sind, die Ihnen das geben, was Sie suchen und Ihre Erwartungen erfüllen, und sich anderen gegenüber, für die das nicht gilt, gleichgültig und ablehnend verhalten? Auch hier können Sie nur eines tun: die Fähigkeit erwerben, Liebe als Geschenk zu verstehen. Die bloße Erkenntnis, was Ihre sogenannte Liebe in Wahrheit ist: eine Tarnung für Selbstsucht und Habgier, kann ein Riesenschritt zum Erlangen dieses zweiten Merkmals der Liebe sein.

Die dritte Wesensart der Liebe besteht darin, daß sie sich ihrer selbst nicht bewußt ist. Liebe erfreut

sich so sehr der Liebe, daß sie es vor Glück selbst nicht weiß. So wie die Lampe nur damit beschäftigt ist zu leuchten und keinen Gedanken daran verliert, ob sie anderen damit nützen könnte oder nicht; wie die Rose ihren Duft einfach deshalb verströmt, weil es nichts anderes gibt, was sie tun könnte – ganz gleich, ob es jemanden gibt, der ihren Duft genießt oder nicht, so wie der Baum Schatten spendet. Das Licht, der Duft und der Schatten entstehen nicht, sobald sich jemand nähert, und hören nicht auf, sobald niemand mehr da ist. All dies ist da wie die Liebe – unabhängig von Menschen. Liebe *ist* einfachhin, sie hat kein Objekt. Licht, Duft, Schatten *sind* einfachhin, egal, ob jemand von ihnen profitiert oder nicht. Darum wissen sie auch nichts von Verdienst oder guter Tat. Ihrer linken Hand ist nicht bewußt, was die rechte tut. „Herr, wann haben wir dich hungern oder dürsten gesehen und dir geholfen?"

Schließlich gehört zum Wesen der Liebe die Freiheit. Sobald sich Zwang, Kontrolle oder Konflikt einstellen, stirbt die Liebe. Auch die Rose, der Baum und die Lampe lassen Sie vollkommen frei sein. Der Baum wird sich nicht bemühen, Sie in seinen Schatten zu ziehen, wenn Ihnen ein Sonnenstich droht. Die Lampe wird Ihnen nicht ihr Licht aufzwingen, wenn Sie im Dunkeln stolpern. Denken Sie einmal an die vielen Zwänge und die Kontrollen durch andere, denen Sie unterliegen, wenn Sie ängstlich ihren Erwartungen zu entsprechen suchen, um ihre Liebe oder Zustimmung zu erkaufen, oder weil Sie fürchten, sie zu verlieren. Jedesmal, wenn Sie sich diesem Zwang und dieser Kontrolle unterstellen, zerstören Sie Ihre Fähigkeit zu lieben, die ihre eigentliche Natur ist, denn Sie können nicht umhin, anderen das anzutun, was Sie anderen erlauben, daß sie es Ihnen antun.

Denken Sie dann über all die Kontrollen und die Zwänge in Ihrem Leben nach, und allein dieses Bedenken wird sie Ihnen hoffentlich nehmen. In dem Augenblick, da sie verschwinden, wird sich Freiheit einstellen. Und Freiheit ist nur ein anderes Wort für Liebe.

14

Nicht anklammern,
nicht verzichten

*Keiner, der die Hand an den Pflug
gelegt hat und nochmals zurück-
blickt, taugt für das Reich Gottes.*

Lukasevangelium 9,62

Das Reich Gottes ist Liebe. Was heißt lieben? Es
heißt: empfindsam zu sein gegenüber dem Leben, den Dingen, den Menschen; ein Gespür zu haben
für alles und jeden, ohne etwas oder jemanden aus-
zuschließen. Denn Ausschluß ist nur möglich durch
eigenes Verhärten, durch Verschließen seiner Türen.
Und sobald eine Verhärtung eintritt, geht die Empfindsamkeit verloren. Es ist gewiß nicht schwer, Bei-
spiele für diese Art von Empfindsamkeit im eigenen
Leben zu finden. Haben Sie schon einmal angehal-
ten, um einen Stein oder einen Nagel vom Weg auf-
zuheben, damit sich niemand daran verletzt? Es
spielt dabei keine Rolle, daß Sie denjenigen, dem
dies zugute kommt, niemals kennen und Sie weder
eine Belohnung noch Anerkennung für Ihre Tat ernten werden. Sie tun es einfach aus einem Grund-
gefühl des Wohlwollens und der Freundlichkeit heraus. Oder hat Sie schon einmal eine leichtfertige
Zerstörung anderswo in der Welt betroffen gemacht,
zum Beispiel die Rodung eines Waldes, den Sie nie

sehen, und von dem Sie nie etwas haben werden? Haben Sie sich schon einmal die Mühe gemacht, einem Fremden den Weg zu zeigen, obwohl Sie ihn nicht kannten und ihm auch niemals wieder begegnen werden, einfach deshalb, weil es Sie drängte, zu helfen? Dabei und bei vielen anderen Gelegenheiten wurde Liebe in Ihrem Leben sichtbar und zeigte an, daß sie in Ihnen lebendig ist und darauf wartet, freigesetzt zu werden.

Wie können Sie sich solche Liebe aneignen? Gar nicht, denn Sie besitzen sie schon. Das einzige, was Sie tun können, ist: die Sperren, die Sie gegen Ihr Empfinden aufgerichtet haben, zu beseitigen.

Um zwei Sperren geht es vor allem: um Überzeugtsein und Abhängigsein. *Überzeugtsein*, das heißt, Sie sind zu einem Urteil über einen Menschen, eine Situation oder eine Sache gekommen. Sie haben sich festgelegt und ihr Empfinden ausgeschaltet.

Sie haben eine vorgefaßte Meinung und sehen diesen Menschen aus dieser Voreingenommenheit heraus. Oder anders gesagt: Sie sehen diesen Menschen nicht mehr. Und wie kann man für jemanden ein Empfinden haben, den man gar nicht sieht? Nehmen Sie nur einmal zwei Leute aus Ihrem Bekanntenkreis und schreiben Sie auf, zu welchen positiven und negativen Urteilen Sie über sie gekommen sind und wie diese Urteile Ihre Beziehung zu ihm oder zu ihr bestimmen. Wenn Sie feststellen, er oder sie ist klug oder gewalttätig, zurückweisend, liebevoll oder wie auch immer, hat sich Ihr Wahrnehmungsvermögen verhärtet; Sie nehmen diesen Menschen in seiner jeweiligen Situation nicht mehr wahr. Es ist wie bei einem Piloten, der nach dem Wetterbericht aus der vergangenen Woche fliegt. Werfen Sie einmal einen kritischen Blick auf solche gewonnenen Überzeugungen, denn je mehr Ihnen klar wird, daß es vorgefaßte Meinungen, Folgerungen und Vorurteile sind und keine Entsprechungen der Wirklichkeit, desto schneller werden sie verschwinden.

Abhängigsein – wie kommt es dazu? Zuerst aus der Beziehung zu etwas, was Ihnen Spaß macht: ein Auto, ein faszinierendes neues Gerät, das die Werbung anpreist, ein Wort des Lobes oder die Gesellschaft eines Menschen. Darauf folgt der Wunsch, dies festzuhalten, das befriedigende Gefühl wiederzuhaben, das diese Sache oder dieser Mensch in Ihnen geweckt hat. Schließlich sind Sie überzeugt, daß Sie ohne ihn oder sie oder die bestimmte Sache nicht glücklich sein können, denn Sie haben das Vergnügen, das es mit sich bringt, mit Glücklichsein gleichgesetzt. Damit sind Sie in eine regelrechte Abhängigkeit geraten. Mit ihr geht unvermeidlich einher ein Ausschließen alles anderen, ein Blindsein allem gegenüber, was nicht irgendwie zu dem gehört, woran Ihr Herz hängt. So oft Sie sich auch von dem Objekt Ihrer Abhängigkeit zu trennen suchen, Ihr Herz bleibt doch daran hängen, auch wenn Sie sich bereits mit etwas anderem befassen. Die Sinfonie des Lebens geht weiter, doch Sie schauen zurück, halten an ein paar Takten fest, verschließen vor den übrigen Klängen der Musik die Ohren und schaffen dadurch Disharmonie und Spannung zwischen dem, was das Leben Ihnen anbietet und dem, woran Ihr

Herz hängt. Die Folge davon sind Spannung und Angst, die für die Liebe und die freudige Freiheit, die die Liebe mit sich bringt, den Tod bedeuten. Denn Liebe und Freiheit lassen sich nur finden, wenn man auf jeden einzelnen Ton, der erklingt, mit Freude hört und ihn verklingen läßt, um dem nächsten wieder aufmerksam zu lauschen.

Wie läßt sich solches Abhängigsein ablegen? Viele versuchen es durch Verzicht. Doch auf ein paar Takte Musik zu verzichten, sie aus seinem Bewußtsein zu löschen, führt zu genau derselben Gewaltsamkeit, Spannung und mangelnden Empfänglichkeit, wie dies beim Sich-Anklammern der Fall ist. Wieder haben Sie sich verhärtet. Das Geheimnis liegt darin, auf nichts zu verzichten, sich an nichts zu klammern, sich über alles zu freuen und damit einverstanden zu sein, daß alles vorübergeht und fließt.

Wie ist dies zu erreichen? Durch die in langem, geduldigem Beobachten gewonnene Einsicht, wie verkehrt und zersetzend solche Abhängigkeit ist. Im allgemeinen sind Sie auf die freudige Erregung, den Blitz von Freude, die sie bringt, konzentriert. Aber bedenken Sie die Angst, den Kummer, die Unfreiheit bei all dem. Und bedenken Sie zugleich die Freude, den Frieden die Freiheit, die Sie immer erfüllt, wenn Sie sich von etwas lösen, woran Sie hingen. Dann werden Sie nicht mehr zurückblicken und von der Musik des jeweiligen Augenblicks entzückt sein.

Betrachten Sie schließlich die Gesellschaft, in der wir leben, wie sehr sie von Abhängigkeiten befallen ist. Ist es nicht so, daß derjenige als produktives Mit-

glied der Gesellschaft, als dynamisch und tüchtig angesehen wird, der an Macht, Geld, Besitz, an Geltung und Erfolg hängt, nach all dem strebt, als ob sein ganzes Glück davon abhinge? Anders gesagt: Wenn Sie all dem mit zwanghaftem Ehrgeiz nachjagen, einem Ehrgeiz, der die Sinfonie Ihres Lebens zerstört und Sie kalt, hart und gefühllos für andere und für sich selbst macht, wird Sie die Gesellschaft durchaus als einen verläßlichen Mitbürger betrachten, und Ihre Verwandten und Freunde werden stolz auf die Stellung sein, die sie erreicht haben. Wieviele sogenannte respektable Leute kennen Sie, die die gütige Feinfühligkeit der Liebe bewahrt haben, die nur ein Herz kennt, das sich an nichts anklammert? Wenn Sie dies lange genug bedacht haben, werden Sie eine tiefe Abneigung vor jeder Abhängigkeit empfinden und sie von sich schleudern wie eine Schlange. Sie werden sich auflehnen gegen alles, was auf Inbesitznehmen und Abhängigkeit begründet ist, auf Angst, Habgier, Härte und Gefühllosigkeit der Nicht-Liebe.

15

Nicht ärgern

Euch, die ihr mir zuhört, sage ich:
Liebt eure Feinde;
tut denen Gutes, die euch hassen.

Lukasevangelium 6,27

Sind Sie verliebt, sehen Sie alles mit neuen Augen: Sie sind großzügig, nachsichtig, gütig, wo Sie zuvor hart und gemein gewesen sein mögen. Zwangsläufig reagieren die Menschen ebenso auf Sie, und bald finden Sie sich in einer liebevollen Welt wieder, die Sie sich selbst geschaffen haben. Oder denken Sie, wie es war, als Sie schlecht gelaunt waren und spürten, wie Sie reizbar, gemein, mißtrauisch wurden und sich widersinnig verhielten. Bald merkten Sie, wie alle negativ auf Sie reagierten und fanden sich in einer feindlich gesinnten Welt wieder, die Sie durch Ihr Denken und Empfinden errichtet hatten.

Was ist zu tun, um eine glückliche, liebevolle, friedvolle Welt zu schaffen? Wir müssen eine einfache, schöne, aber schmerzvolle Kunst erlernen: die Kunst des Schauens. Das ist sie: Jedesmal, wenn Sie gereizt oder über jemanden verärgert sind, schauen Sie nicht auf ihn oder sie, sondern auf sich selbst. Die Frage dabei ist nicht: „Was ist nur mit dem oder der los?", sondern: „Was sagt mir mein Ärger über mich selbst?" Tun Sie das jetzt: Denken Sie an jemanden, der Sie reizt, und sagen Sie diesen schmerzenden Satz zu sich selbst: „Der Grund für meinen Ärger ist nicht der oder die, sondern bin ich selbst."

Haben Sie das gesagt, versuchen Sie herauszufinden, wodurch Sie diesen Ärger verursachen. Prüfen Sie zuerst die durchaus naheliegende Möglichkeit, daß der Grund für Ihren Ärger über die Schwächen (oder sogenannten Schwächen) der betreffenden Person darin liegt, daß es Ihre eigenen Schwächen sind. Sie haben sie unterdrückt und unbewußt auf einen anderen projiziert. Das trifft fast immer zu, aber kaum jemand sieht es ein. Suchen Sie also in Ihrem eigenen Herzen und unbewußten Sinn nach den Schwächen dieses Menschen, und bald wird sich viel Ärger in Dankbarkeit dafür verwandeln, daß das Verhalten eines anderen Sie zu dieser Selbsterkenntnis geführt hat.

Noch etwas anderes lohnt sich zu beachten: Kann es sein, daß Sie das, was diese Person sagt oder tut, so ärgert, weil es auf etwas in Ihrem Leben hinweist, was Sie sich weigern zu sehen? Denken Sie daran, daß Mystiker und Propheten Ärgernis erregen und deren Leben oder Worte uns durchaus nicht mehr so mystisch oder prophetisch erscheinen, wenn wir dadurch herausgefordert werden.

Auch das ist klar: Sie ärgern sich über jemanden, weil der- oder diejenige nicht den Erwartungen entspricht, die Ihrer Wertordnung entspringen. Vielleicht haben Sie ein Recht zu verlangen, daß der andere sich nach Ihrem Programm richtet, wenn er oder sie zum Beispiel hart oder ungerecht ist; aber lassen wir das einmal außer acht. Wenn Sie diesen Menschen ändern oder seinem Verhalten ein Ende bereiten wollen, hätten Sie dann nicht damit mehr Erfolg, daß Sie sich nicht ärgern? Ärger trübt nur Ihren Blick und mindert die Wirksamkeit Ihres Tuns. Bekanntlich mindert ein Sportler oder Boxer durch Erregung und Ärger seine Kampfstärke, weil seine Reaktionen unkoordiniert werden. In den meisten Fällen haben Sie jedoch kein Recht zu verlangen, daß jemand Ihren

Erwartungen Rechnung trägt. Jemand anderen würde dasselbe Verhalten durchaus nicht stören. Denken Sie einfach über diese Wahrheit nach, und Ihr Ärger wird verschwinden. Sie werden es töricht finden, zu verlangen, daß ein anderer die Maßstäbe und Normen erfüllt, die Ihnen Ihre Eltern mitgegeben haben.

Auch diese letzte Wahrheit sollten Sie bedenken: von seinem persönlichen Hintergrund, seiner Lebenserfahrung und seinem mangelnden Bewußtsein her kann er oder sie sich gar nicht anders verhalten. Ein schönes Sprichwort sagt doch, daß Verstehen Vergeben heißt. Würden Sie diesen Menschen also wirklich verstehen, würden Sie ihn eher als geschädigt und nicht als schuldig ansehen, und Ihr Ärger wäre auf der Stelle verflogen. Überdies können Sie sich sicher sein, daß dann, wenn Sie ihn oder sie mit Liebe behandeln und er oder sie die Liebe erwidert, Sie sich in einer liebevollen Welt wiederfänden, die Sie sich selbst geschaffen haben.

16

Begriffe und Bilder

Die Pharisäer sagten zu seinen
Jüngern: Wie kann euer Meister
zusammen mit Zöllnern und
Sündern essen?

Matthäusevangelium 9,11

Wollen Sie zum eigentlichen Kern einer Sache vorstoßen, müssen Sie zuerst verstehen, daß jeder Begriff, jede Vorstellung von der Wirklichkeit diese verzerrt und ein Hindernis darstellt, die Wirklichkeit zu sehen. Ein Begriff ist nicht die Wirklichkeit, der Begriff „Wein" ist nicht der Wein, der Begriff „Frau" ist nicht diese eine Frau. Wenn ich mit der Wirklichkeit dieser Frau wirklich in Berührung kommen möchte, muß ich meinen Begriff vom Frausein, vom Indersein vergessen und sie in ihrem Sosein, ihrer Konkretheit, ihrer Einzigartigkeit erfahren. Leider machen sich die meisten Leute nicht die Mühe, die Dinge auf diese Weise, das heißt in ihrer Einzigartigkeit zu sehen; sie halten sich lediglich an die Worte oder Begriffe, nie schauen sie mit den Augen des Kindes dieses konkrete, einzigartige, flauschige, lebendige Etwas an, das da vor ihren Augen herumhüpft: Sie sehen nur einen Spatz. Nie sehen sie das Wunderbare an diesem einmaligen menschlichen Wesen, das ihnen gegenübersteht: Sie sehen nur eine indische Bäuerin. – So ist der Begriff ein Hindernis, die Wirklichkeit wahrzunehmen.

Es gibt noch ein anderes Hindernis beim Wahrnehmen der Wirklichkeit, nämlich Werturteile. Dieses Ding oder dieser Mensch ist gut oder schlecht, häßlich oder schön. Es ist schon Hindernis genug, den Begriff Inderin, Frau oder Bäuerin zu haben, wenn ich diesem konkreten Menschen in seiner Individualität gegenüberstehe. Doch nun füge ich noch ein Werturteil hinzu und sage: „Sie ist gut oder sie ist böse, sie ist attraktiv und schön oder sie ist unattraktiv und häßlich." Dies hindert mich umso mehr daran, sie zu sehen, da sie weder gut noch schlecht ist. Sie ist „sie" in all ihrer Einmaligkeit. Das Krokodil und der Tiger sind weder gut noch schlecht, sie sind einfach Krokodil und Tiger. Gut und böse beziehen sich auf etwas, was außerhalb von ihnen ist. Je nachdem, ob sie meinen Zwecken dienen oder meinen Augen gefallen, mir helfen oder mich bedrohen, bezeichne ich sie als gut oder schlecht.

Denken Sie jetzt einmal an sich selbst, als Sie jemand gut, attraktiv oder schön nannte. Entweder Sie verschlossen sich, weil Sie dachten, Sie seien häßlich und sich sagten: „Würdest du mich wirklich kennen, könntest du nicht sagen, daß ich schön bin." Oder Sie öffneten sich den Worten des Betreffenden und dachten tatsächlich, Sie seien schön und ließen sich von dessen Kompliment hinreißen. In beiden Fällen hatten Sie Unrecht, da Sie weder schön noch häßlich sind. Sie sind Sie. Wenn Sie sich von Werturteilen anderer fangen lassen, akzeptieren Sie damit auch Druck, Unsicherheit und Angst. Denn heute gelten Sie als schön, und Ihre gute Laune steigt, doch morgen werden Sie als häßlich angesehen, und schon sind Sie niedergeschlagen. Nennt Sie also jemand schön, ist es richtig und genau zu sagen: „Dieser Mensch findet mich in seiner gegenwärtigen Sicht und Stimmung schön, was aber gar nichts über mich aussagt. Ein anderer hingegen würde mich häßlich finden, je nach seiner Ansicht, Stimmung und persönlichen Einschätzung. Aber auch das sagt nichts über mich aus."

Wie leicht fallen wir auf Werturteile anderer herein und formen uns nach ihnen ein Bild von uns selbst. Um wahrhaft frei zu sein, müssen Sie zwar auf die sogenannten guten und bösen Dinge hören, die man Ihnen erzählt, aber nicht mehr dabei empfinden als ein Computer, dem Daten eingegeben werden. Denn was man über Sie sagt, enthüllt mehr von dem, der es sagt, als von Ihnen.

Gleichwohl müssen Sie sich auch der Werturteile bewußt sein, die Sie von sich selbst bilden, denn auch sie gründen im allgemeinen auf Wertesystemen, die Sie von anderen übernommen haben. Wenn Sie etwas beurteilen oder mißbilligen, haben Sie da die Wirklichkeit vor Augen? Wenn Sie etwas mit beurteilendem oder billigendem Blick betrachten, liegt darin nicht das größte Hindernis zum Verstehen und Betrachten der Dinge, so wie sie wirklich sind? Nehmen Sie sich die Zeit und denken Sie darüber nach, wenn Ihnen einmal jemand sagt, daß Sie ihm etwas Besonderes bedeuten. Nehmen Sie das Kompliment an, akzeptieren Sie damit Druck. Warum wollen Sie für jemanden etwas Besonderes sein, und sich damit einer Anerkennung und einem Werturteil aussetzen? Warum sind Sie nicht einfach damit zufrieden, Sie selbst zu sein?

Wenn Ihnen jemand sagt, daß Sie etwas Besonderes sind, können Sie sich nur eines mit Sicherheit sagen: Aufgrund seines persönlichen Geschmacks, seiner Ansprüche, Wünsche, Vorlieben und Projektionen hat dieser Mensch ein besonderes Verlangen nach mir, was aber nichts über mich als Person aussagt. Ein anderer wird mich ziemlich normal finden, was ebenso wenig über mich als Person aussagt. In dem Moment, da Sie das Kompliment annehmen und sich zugestehen, sich darüber zu freuen, unterstellen Sie sich der Kontrolle des anderen. Sie werden sich die größte Mühe geben, weiterhin etwas Besonderes für diesen Menschen zu sein. Sie werden in der ständigen Furcht leben, daß er jemanden trifft, der ebenfalls etwas Besonderes für ihn wird und Sie dadurch von Ihrem besonderen Platz verdrängt, den Sie in seinem Leben eingenommen haben. Sie werden ständig nach seiner Pfeife tanzen, seinen Erwartungen zu entsprechen suchen und damit Ihre Freiheit verlieren. Sie haben sich um Ihres Glückes willen von ihm abhängig gemacht, da Sie Ihr Glück von seinem Urteil über Sie abhängig machten.

Sie können dann alles noch schlimmer machen, indem Sie nach anderen Menschen zu suchen beginnen, von denen Sie hören möchten, daß Sie etwas Besonderes für sie sind. Zugleich setzen Sie viel Zeit und Energie dafür ein, sich zu vergewissern, daß diese Menschen nie das Bild, das sie von Ihnen haben, verlieren. Es ist sehr anstrengend, so zu leben. Plötzlich schleicht sich die Angst in Ihr Leben ein, daß das Bild zerstört werden könnte. Und suchen Sie ein Leben ohne Angst und Zwang, müssen Sie sich von all dem lösen.

Wie? Indem Sie sich weigern, diejenigen ernst zu nehmen, die Ihnen sagen, daß Sie etwas Besonderes sind. Die Worte: „Du bist etwas Besonderes für mich" sagen nur etwas über meine gegenwärtige Stimmung dir gegenüber aus, über meinen Geschmack, meine momentane Gemütsverfassung und meine Entwicklung. Darüber hinaus besagen sie nichts. Akzeptieren Sie das einfach als Tatsache, und sind Sie darüber nicht weiter erfreut. Worüber Sie sich wirklich freuen können, ist mein Bei-Ihnen-Sein und nicht mein Kompliment. Was Sie erfreuen kann, ist meine gegenwärtige Beziehung zu Ihnen, nicht mein Lob. Und wenn Sie klug sind, werden Sie mich drängen, andere besondere Menschen zu finden, damit Sie nie versucht sind, an dem Bild, das ich von Ihnen habe, festzuhalten. Nicht über dieses Bild freuen Sie sich, denn Sie sind sich immer der Tatsache bewußt, daß sich mein Bild von Ihnen sehr leicht ändern kann. Sie freuen sich nur über diesen Augenblick. Denn freuen Sie sich über das Bild, das ich von Ihnen habe, stehen Sie unter meiner Kontrolle; dann werden Sie davor Angst haben, Sie selbst zu sein, weil Sie mich verletzen könnten. Sie werden Angst haben, mir die Wahrheit zu sagen, etwas zu sagen oder zu tun, was mein Bild von Ihnen zerstören könnte.

Wenden Sie dies nun auf die Bilder an, die andere

von Ihnen haben und die Ihnen sagen, daß Sie ein Genie sind, klug, gut oder heilig. Freuen Sie sich über das Kompliment, so werden Sie in derselben Minute Ihre Freiheit verlieren, denn dann werden Sie ständig bestrebt sein, diese Meinung aufrecht zu erhalten. Sie werden Angst haben, Fehler zu machen, Sie selbst zu sein, etwas zu sagen oder zu tun, das dieses Bild zerstören könnte. Damit haben Sie die Freiheit verloren, sich selbst zum Narren zu halten, ausgelacht oder verspottet zu werden, alles zu sagen oder zu tun, was Ihnen richig erscheint, und nicht, was in das Bild anderer von Ihnen paßt.

Wie bricht man mit all dem? Durch viele Stunden des Lernens, des Bewußtwerdens, des Beobachtens dessen, was Ihnen dieses dumme Bild einbringt, nämlich Aufregung und Spannung, gekoppelt mit viel Unsicherheit, Unfreiheit und Leid. Würden Sie das klar erkennen, könnten Sie sich Ihrer Neigung entledigen, für jemanden etwas Besonderes zu sein oder von jemandem hoch geschätzt zu werden. Sie würden zu den Sündern gehen und zu den Menschen am Rande; Sie würden das sagen und tun, was Ihnen gefällt, ungeachtet dessen, was andere Leute über Sie denken. Sie würden wie die Vögel oder Blumen sein, die viel zu sehr mit der Aufgabe zu leben beschäftigt sind, als sich darum kümmern zu können, was die anderen von ihnen denken, und ob sie für die anderen etwas Besonderes sind oder nicht. Und bald werden Sie ohne Angst sein und frei.

17

Wirklich sehen

Selig die Knechte, die der Herr
wach findet, wenn er kommt.

Lukasevangelium 12,37

Überall auf der Welt suchen die Menschen nach Liebe, denn jeder ist davon überzeugt, daß nur die Liebe die Welt retten und nur sie das Leben sinnvoll und lebenswert machen kann. Aber sehr wenige verstehen, was Liebe wirklich ist und wie sie in den Herzen der Menschen erwacht. Sehr oft wird sie einfach mit positiven Gefühlen gegenüber anderen gleichgesetzt, mit Wohlwollen, Gewaltfreiheit oder Dienen. Doch dies alles ist an sich keine Liebe. Liebe entspringt aus Gewahrwerden. Nur insoweit Sie einen Menschen so sehen, wie er wirklich ist, hier und jetzt, und nicht so, wie er in Ihrer Erinnerung ist, in Ihrem Wunschdenken, Ihrer Vorstellung oder Erwartung, können Sie ihn wirklich lieben. Ansonsten lieben Sie nicht diesen Menschen, sondern die Vorstellung, die Sie von ihm haben, oder nur diesen Menschen als Objekt Ihres Verlangens, und nicht ihn an sich.

Darum besteht der erste Akt der Liebe darin, diesen bestimmten Menschen oder dieses bestimmte

Objekt, diese Wirklichkeit so zu sehen, wie sie in Wahrheit ist. Und dies betrifft die große Disziplin, von den eigenen Sehnsüchten abzulassen, von Ihren Vorurteilen, Ihren Erinnerungen, Ihren selektiven Sichtweisen. Es ist eine so strenge Disziplin, daß die meisten sich viel lieber kopfüber in gute Taten stürzen würden, als sich dem brennenden Feuer dieser Askese zu unterwerfen. Wenn Sie einem Menschen helfen wollen, bei dem Sie sich nicht die Mühe gemacht haben, wirklich zu sehen – befriedigen Sie dann dessen Bedürfnisse oder Ihre eigenen? Somit ist der erste Bestandteil der Liebe: den anderen wirklich zu sehen.

Der zweite Bestandteil ist ebenso wichtig: sich selbst zu sehen, den Lichtstrahl des Erkennens unnachgiebig auf Ihre Beweggründe, Ihre Gefühle, Ihre Bedürfnisse, Ihre Unehrlichkeiten, Ihre Selbstsucht, Ihre Neigung zum Kontrollieren und Manipulieren zu richten. Es bedeutet, diese Dinge bei ihrem Namen zu nennen, ungeachtet aller schmerzlichen Entdeckungen und Konsequenzen. Wenn Sie sowohl ein Bewußtsein von sich und dem anderen erlangt haben, werden Sie wissen, was Liebe ist.

Denn dann haben Sie ein Herz, das lebendig, wach, klar und mitfühlend ist, haben eine klare Wahrnehmungsfähigkeit und das Feingefühl, um jeder Situation und jedem Augenblick genau und angemessen zu entsprechen. Manchmal werden Sie unabweislich zum Handeln gezwungen sein, ein anderes Mal werden Sie zurückgehalten und gedämpft werden. Manchmal werden Sie andere ignorieren müssen, ein anderes Mal werden Sie ihnen die Aufmerksamkeit schenken müssen, die sie brauchen. Manchmal werden Sie freundlich und nachsichtig sein, ein anderes Mal hart, unnachgiebig, fordernd, ja sogar verletzend. Denn die Liebe, die aus Zartgefühl geboren wird, nimmt viele unerwartete Formen an und richtet sich nicht nach vorgegebenen Leitlinien und Prinzipien, sondern nach der bestehenden, konkreten Wirklichkeit. Wenn Sie diese Art von Zartgefühl erstmals erfahren, erfahren Sie geradezu einen Schrecken. Denn alle Ihre Befestigungen werden umgerissen, die Schutzmauern um Sie herum in Brand gesteckt, Ihre Unaufrichtigkeit wird offengelegt.

Stellen Sie sich den Schrecken vor, der einen Reichen überfällt, wenn er die kläglichen Lebensbedingungen der Armen sich wirklich vor Augen hält, einen machthungrigen Diktator, wenn er wirklich das Elend der Menschen sieht, die er unterdrückt, einen Fanatiker oder einen Selbstgerechten, wenn er die Falschheit seiner Überzeugungen wirklich sieht, die sich nicht mehr mit den Tatsachen decken; den Schrecken, der einen romantischen Liebhaber überfällt, wenn er wirklich sehen will, daß er nicht seine Geliebte liebt, sondern das Bild, das er sich von ihr gemacht hat. Denn das Schmerzlichste, das ein Mensch tun kann, das, wovor er sich am meisten fürchtet, ist das Sehen. In solchem Sehen wird die Liebe geboren, oder genauer gesagt, Sehen ist Liebe.

Sobald Sie zu sehen beginnen, wird Sie Ihr Zartgefühl zum Gewahrwerden führen, und zwar nicht nur der Dinge, die Sie sehen wollen, sondern auch aller anderen. Ihr armes Ego wird verzweifelt

versuchen, dieses Zartgefühl abzustumpfen, weil seine Schutzmauern beiseite geräumt werden und es
ohne Sicherheit und Halt dasteht. Wenn Sie sich
jemals erlauben zu sehen, bedeutet das den Tod
Ihrer Selbstsucht. Darum ist Liebe so erschreckend,
denn lieben heißt sehen, und sehen heißt sterben.
Doch es ist auch die wunderbarste, beglückendste
Erfahrung auf der ganzen Welt. Denn im Tod des
eigenen Ich ist Freiheit, Frieden, Gelassenheit und
Freude.

Wenn es Liebe ist, wonach Sie wirklich verlangen, dann brechen Sie sogleich auf und fangen Sie an zu sehen. Nehmen Sie diese Aufgabe ernst und betrachten Sie einen Menschen, den Sie nicht mögen, und sehen Sie wirklich Ihre Vorurteile. Betrachten Sie einen Menschen, an dem Sie hängen, und sehen Sie das Leid, die Sinnlosigkeit, die Unfreiheit, die das Sichanklammern mit sich bringt. Betrachten Sie lange und liebevoll die Gesichter und das Auftreten der Menschen. Nehmen Sie sich die Zeit, voll Verwunderung die Natur zu sehen, den Flug eines Vogels, eine blühende Blume, ein gelb werdendes Blatt, einen rauschenden Fluß, den aufgehenden Mond, die Silhouette eines Berges vor dem hellen Nachthimmel. Wenn sie das tun, wird sich die harte, schützende Schale, die Ihr Herz umgibt, öffnen, weicher werden und sich auflösen, und Ihr Herz wird voll Zartgefühl und Aufgeschlossenheit sein. Die Dunkelheit in Ihren Augen wird verfliegen und Ihre Sicht wird klar und weit. Endlich werden Sie wissen, was Liebe ist.

18

Glückliche Schuld

*Mußte nicht der Messias
all das erleiden, um so in seine
Herrlichkeit zu gelangen?*

Lukasevangelium 24,26

Rufen Sie sich einige schmerzliche Erfahrungen aus Ihrem Leben ins Gedächtnis. Für wie viele von ihnen können Sie heute dankbar sein, weil Sie sich durch sie ändern und an ihnen wachsen konnten. Hier lege ich Ihnen eine einfache Lebensweisheit vor, auf die viele nie stoßen. Freudige Ereignisse machen das Leben zur Wonne, doch führen sie nicht zur Selbsterkenntnis, zu Wachstum und Freiheit. Dieses Privileg ist den Dingen, Menschen und Situationen vorbehalten, die uns Schmerzen bereiten.

Jedes schmerzliche Ereignis birgt einen Keim von Wachstum und Befreiung in sich. Lenken Sie Ihre Gedanken in Anbetracht dieser Wahrheit wieder auf Ihr Leben, und werfen Sie einen Blick auf die eine oder andere Erfahrung, für die Sie nicht dankbar sind. Versuchen Sie darin das Wachstumspotential zu entdecken, dessen Sie sich nicht bewußt wurden und aus dem Sie deshalb auch keinen Nutzen ziehen konnten. Nun denken Sie an ein neueres Ereignis, das Ihnen Schmerzen bereitete und bei Ihnen negative Gefühle hervorgerufen hat. Wer oder was immer diese Gefühle bei Ihnen auch hervorgerufen haben mag: es war Ihr Lehrmeister, denn diese Gefühle enthüllten Ihnen vieles über Sie selbst, was Ihnen vermutlich nicht bewußt war. Auch waren sie für Sie eine Einladung und Herausforderung, sich selbst zu entdecken und zu verstehen und damit eine Einladung zu Wachstum, Leben und Freiheit.

Versuchen Sie es nun, ermitteln Sie die negativen Gefühle, die dieses Ereignis in Ihnen weckte. War es Angst oder Unsicherheit, Eifersucht, Ärger oder Schuld? Was sagt Ihnen dieses Gefühl über Ihr Ego, über Ihre Wertvorstellungen, über Ihre Wahrnehmung der Welt und des Lebens, und vor allem über Ihr Programmiert- und Abhängigsein? Sollte es Ihnen tatsächlich gelingen, dies zu entdecken, werden Sie manche Illusion aufgeben, an die Sie sich bisher geklammert haben, ändern entweder Ihre verzerrte Sichtweite, korrigieren eine falsche Auffassung oder lernen, von Ihrem Schmerz Abstand zu nehmen, weil Sie feststellen, daß er durch Ihre vorgegebene Einstellung und nicht durch die Wirklichkeit verursacht wurde. Dabei werden Sie plötzlich merken, daß Sie für diese negativen Gefühle dankbar sind, auch dem Menschen oder dem Ereignis, auf das sie zurückgehen.

Gehen Sie nun einen Schritt weiter. Beobachten sie alles, was Sie denken, fühlen, sagen und tun und Ihnen an sich selbst mißfällt. Ihre negativen Gefühle, Ihre Schwächen, Ihre Irrtümer, Ihre Abhängigkeiten, Behinderungen, Neurosen und Komplexe, ja auch Ihre Sünden. Können Sie etwas Bestimmtes davon als notwendigen Bestandteil Ihrer Entwicklung erkennen, durch die Ihnen wie auch anderen Wachstum und Gnade zukam; eine Entwicklung, die es ohne dieses eine, das Ihnen so mißfällt, nie gegeben hätte. Und wenn Sie anderen Menschen Schmerz und negative Gefühle bereitet haben, waren Sie in diesem Moment nicht deren Lehrer, ein Werkzeug, das anderen ein Samenkorn zu Selbsterkenntnis und Wachstum bot? Können Sie fest zu dieser Beobachtung stehen, zu Ihrer Beobachtung, bis Sie alles als eine glückliche Schuld betrachten, eine notwendige Sünde, die Ihnen und der Welt viel Gutes bringt?

Wenn Sie dies vermögen, wird Ihr Herz von Frieden, Dankbarkeit, Liebe und der Fähigkeit zur Hinnahme jeder Einzelheit erfüllt sein. Und Sie werden entdecken, was die Menschen überall suchen, aber niemals finden, nämlich den Urquell der Heiterkeit und Freude, der in jedes Menschen Herz verborgen ist.

19

Der jetzige Augenblick

*Deswegen sage ich euch:
Sorgt euch nicht um euer Leben ...
seht euch die Vögel des Himmels
an ... lernt von den Lilien, die
auf dem Feld wachsen ...*

Matthäusevangelium 6, 25 ff.

Jeder hat dann und wann Gefühle, die als Unsicherheit bekannt sind. Sie fühlen sich unsicher wegen der Summe des Geldes, das Sie bei der Bank haben, wegen der Summe der Zuneigung, die Ihnen Ihr Freund zukommen läßt oder wegen der Art Ihrer Ausbildung, die Sie genossen haben. Auch fühlen Sie sich unsicher wegen Ihrer Gesundheit, Ihres Alters, Ihres Aussehens. Würde man Ihnen die Frage stellen: „Warum fühlen Sie sich unsicher?", würden Sie höchstwahrscheinlich die falsche Antwort geben. Sie werden vielleicht sagen: „Ich werde von einem Freund nicht genug geliebt", oder: „Ich habe nicht die akademische Ausbildung, die ich bräuchte", oder etwas ähnliches. Mit anderen Worten: Sie werden die Aufmerksamkeit auf einen äußeren Umstand lenken und nicht merken, daß Gefühle der Unsicherheit nicht durch etwas verursacht werden, was nicht außerhalb von Ihnen liegt, sondern nur durch Ihre vorgegebenen schematischen Gefühlsabläufe, durch etwas, was Sie sich selbst einreden. Wenn Sie Ihr Denkschema wechseln, sind Ihre Gefühle der Unsicherheit im Handumdrehen verschwunden, obwohl alles um Sie herum genauso ist, wie vorher. Der eine fühlt sich auch ohne Geld auf der Bank ganz sicher, der andere fühlt sich unsicher, obwohl er Millionen besitzt. Nicht die Menge des Geldes, sondern Ihr Denkschema macht den Unterschied. Der eine hat praktisch keine Freunde, ist sich aber der Liebe der Menschen völlig sicher. Ein anderer fühlt sich selbst bei der besitzergreifendsten und ausschließlichsten Beziehung unsicher. Wieder bildet das Denkschema den Unterschied.

Wenn Sie Ihre Gefühle der Unsicherheit bekämpfen möchten, kann ich Sie hier mit vier Tatsachen vertraut machen, die Sie aufmerksam zur Kenntnis nehmen und bedenken sollten.

Erstens: Es ist zwecklos, Ihre Gefühle der Unsicherheit dadurch zu beruhigen, daß Sie die außerhalb von Ihnen liegenden Umstände zu ändern versuchen. Ihre Bemühungen können Erfolg haben, obwohl das meistens nicht der Fall ist. Die Bemühungen führen vielleicht zu einer gewissen Erleichterung, doch sie wird von kurzer Dauer sein. Es lohnt also nicht die Energie und Zeit, die Sie dafür verwenden, um zum Beispiel Ihr Aussehen zu verändern, mehr Geld zu verdienen oder von Ihren Freunden weitere Bestätigungen der Liebe zu erhalten.

Der zweite Punkt sollte Sie dazu führen, das Problem dort anzupacken, wo es in Wirklichkeit liegt: in Ihrem Kopf. Denken Sie an Menschen, die in genau derselben Lage sind wie Sie und dabei nicht die geringste Unsicherheit empfinden. Solche Menschen gibt es. Deshalb liegt das Problem nicht in der Wirklichkeit außerhalb von ihnen, sondern in Ihnen, bei Ihren Denkschemata.

Als drittes müssen Sie begreifen, daß Sie Ihre Denkschemata aus der Unsicherheit anderer übernommen haben, als Sie noch sehr jung und leicht zu beeindrucken waren. Diese Menschen lehrten Sie durch ihr Verhalten und ihre panischen Reaktionen, daß Sie jedesmal in sich einen Gefühlssturm der Unsicherheit losbrechen lassen müssen, sobald die äußere Welt nicht mit bestimmten Mustern übereinstimmt. Und daß Sie alles in Ihrer Hand stehende unternehmen müssen, um die Außenwelt zu ändern: mehr Geld verdienen, mehr Bestätigung erhalten, die Menschen, die Sie beleidigt haben, beschwichtigen und ihnen gefallen und so weiter und so fort, damit die Gefühle der Unsicherheit verscheucht werden. Die bloße Einsicht, daß Sie das nicht nötig haben, daß es in Wirklichkeit nichts hilft und der Gefühlssturm nur durch Sie und Ihre Kultur hervorgerufen wird, schon diese bloße Einsicht schafft Abstand zu dem Problem und bringt spürbare Erleichterung.

Viertens: Immer wenn Sie darüber Unsicherheit befällt, was in der Zukunft passieren mag, denken Sie an folgendes: Im letzten Halbjahr oder Jahr waren Sie sehr unsicher wegen Ereignissen, die Sie dann, wenn sie schließlich eintraten, doch irgendwie bewältigen konnten. Und dies dank der Energie und den Möglichkeiten, die Ihnen die jeweilige Situation gab, und nicht wegen der vorausgegangenen Sorgen, durch die Sie nur nutzlos litten und in Ihren Gefühlen geschwächt wurden. Sagen Sie sich deshalb: „Wenn es irgendetwas geben sollte, das ich gerade jetzt für die Zukunft tun kann, dann werde ich es auch tun. Dabei lasse ich es dann bewenden und erfreue mich an dem jetzigen Augenblick, denn meine Lebenserfahrung hat mir gezeigt, daß ich mich einer Situation nur stellen kann, wenn sie tatsächlich da ist, nicht bevor sie eintritt. Immer noch hat mir die Gegenwart die Möglichkeiten und die Energie gegeben, die ich brauche, um mit ihr fertig zu werden."

Die Gefühle der Unsicherheit werden nur dann endgültig verschwinden, wenn Sie die gepriesene Fähigkeit der Vögel des Himmels und der Lilien auf dem Feld erworben haben, ganz und gar in der Gegenwart zu leben, Augenblick für Augenblick.

Der jetzige Augenblick, und sei er noch so schmerzlich, ist niemals unerträglich. Was nicht zu ertragen ist, ist das, worüber Sie sich Gedanken machen, was wohl in fünf Stunden oder in fünf Tagen passieren mag; auch solche Worte, die Ihnen ständig durch den Kopf gehen, wie: „Das ist schrecklich, das ist unerträglich, wie lange soll das denn noch dauern", und so weiter.

Im Vergleich zu den Menschen sind Vögel und Blumen glücklich zu preisen, denn sie haben kein Konzept von der Zukunft, keine Worte in ihren Köpfen, keine Angst davor, was Ihre Mitvögel oder Mitblumen von ihnen denken. Deshalb sind sie so perfekte Bilder des Himmelreichs. Sorgen Sie sich also nicht um morgen, das Morgen kümmert sich schon um sich selbst. Jeder Tag hat genug eigene Plage. Konzentrieren Sie sich vor allem auf Gottes Himmelreich, und alles andere wird von selbst zu Ihnen kommen.

20

Der Ozean der Wahrheit

Dein Auge gibt dem Körper Licht.
Wenn dein Auge gesund ist,
dann wird auch den ganzer Körper
heil sein. Wenn es aber krank ist,
dann wird dein Körper finster sein.

Lukasevangelium 11,34

Wir meinen, die Welt wäre gerettet, würden wir nur mehr guten Willen und Toleranz aufbringen. Das ist falsch. Was die Welt retten kann, ist nicht guter Wille und Toleranz, sondern klares Denken. Welchen Sinn hat es, anderen gegenüber tolerant zu sein, wenn Sie davon überzeugt sind, daß Sie selbst recht haben, und jeder, der anderer Meinung ist, unrecht hat? Das ist nicht Toleranz, das ist gönnerhaft und führt nicht zu Harmonie, sondern zu Spannungen, denn Sie sind eine Nasenlänge voraus, und die anderen hinken hinterher; eine Position, die bei Ihnen nur zu einem Überlegenheitsgefühl und bei Ihren Mitmenschen zu Ablehnung führen kann, und dadurch weitere Intoleranz hervorbringt.

Wahre Toleranz entsteht nur aus einem wachen Bewußtsein für die abgrundtiefe Unwissenheit, die alle, was die Wahrheit betrifft, an den Tag legen. Denn Wahrheit ist im wesentlichen ein Geheimnis.

Der Verstand kann sie erspüren, aber nicht begreifen und noch viel weniger ausdrücken. Unsere Überzeugungen können auf die Wahrheit hinweisen, sie aber nicht in Worte fassen. Trotzdem reden alle in großen Worten von der Bedeutung des Gesprächs, das schlimmstenfalls ein verkappter Versuch ist, den anderen von der Richtigkeit der eigenen Position zu überzeugen, und das Sie bestenfalls davor bewahrt, zum Frosch im Brunnen zu werden, der glaubt, dies sei die einzige Welt, die es gibt.

Was passiert, wenn Frösche aus verschiedenen Brunnen zu einer Diskussion über ihre Ansichten und Erfahrungen zusammenkommen? Ihr Horizont erweitert sich mit der Erkenntnis, daß es außer ihrem eigenen Brunnen auch noch andere gibt. Doch noch immer haben sie keine Ahnung von der Existenz des Ozeans der Wahrheit, der sich nicht auf die Wände begrifflicher Brunnen beschränkt. Und unsere armen Frösche bleiben getrennt und sprechen in Begriffen von Mein und Dein; deine Erfahrung, deine Ansichten, deine Ideologie und meine. Der Austausch von Formeln bereichert die Austauschenden nicht, denn Formeln trennen wie die Brunnenwände; nur der grenzenlose Ozean verbindet. Aber um den Ozean der Wahrheit zu erreichen, der nicht in Formeln eingebunden ist, bedarf es der Gabe klaren Denkens.

Was ist klares Denken, und wie gelangt man dazu? Zuerst müssen Sie wissen, daß es keinen großen Lernaufwand erfordert. Es ist so einfach, daß es sogar ein zehnjähriges Kind erlangen kann. Was erforderlich ist, ist nicht Lernen, sondern Verlernen, nicht

Talent, sondern Mut. Um dies zu verstehen, stellen Sie sich ein kleines Kind in den Armen einer alten, abgearbeiteten Hausmagd vor. Das Kind ist zu jung, um die Vorurteile der Älteren übernommen zu haben. Es schmiegt sich in die Arme dieser Frau, reagiert nicht auf Kategorien in seinem Kopf; Schubladen wie weiße Frau, schwarze Frau, häßlich, hübsch, schlank, dick, alt, jung, Mutter, Dienstmagd. Das Kind reagiet nicht auf solche Schablonen, sondern auf die Wirklichkeit. Diese Frau entspricht dem Bedürfnis des Kindes nach Liebe. Das ist die Wirklichkeit, auf die das Kind reagiert, nicht auf den Namen der Frau, auf ihre Figur, Rasse oder Religion. Das alles ist ihm ganz und gar unwichtig. Das Kind hat noch keine festen Ansichten und Vorurteile.

Das ist das Klima, in dem klares Denken gedeihen kann. Will man dazu gelangen, heißt es, alles loszulassen, was man erlernt hat, und das Gemüt eines Kindes zu erwerben, das noch unbeeinflußt ist von hergebrachten Erfahrungen und Denkschemata, die unsere Sicht der Wirklichkeit weithin trüben.

Schauen Sie in sich hinein, und prüfen Sie Ihre Reaktionen auf Menschen und Situationen, und Sie werden entsetzt sein zu entdecken, wie viele Vorurteile Ihr Denken und Ihre Reaktionen bestimmen. Fast nie gehen Sie auf die konkrete Wirklichkeit eines Menschen oder einer Situation ein. Sie reagieren nach Prinzipien und Ideologien, wirtschaftlichen, politischen, religiösen und psychologischen Denksystemen; nach vorgegebenen Begriffen und Vorurteilen, ob nun positiv oder negativ. Nehmen Sie alles, jeden Menschen, jedes Ding und jede Situation, unter die

Lupe, finden Sie das Vorurteil heraus, das zwischen der Wirklichkeit und ihren schematisierten Wahrnehmungen und Projektionen steht. Diese Übung wird Ihnen wie eine Offenbarung sein.

Vorurteile und feste Ansichten sind nicht die einzigen Gegenspieler klaren Denkens. Auch auf ein anderes Gegnerpaar ist zu achten: das Begehren und die Angst. Ein Denken, das nicht von Gefühlen angesteckt ist – vom Begehren, von der Angst und der Selbstsucht –, verlangt eine strenge Askese. Viele nehmen irrtümlich an, daß Denken nur mit dem Kopf geschieht; tatsächlich geschieht es zuerst mit dem Herzen, das eine Folgerung zieht und dann dem Kopf befiehlt, dafür Begründungen zu liefern. Darin liegt also eine weitere Offenbarung. Prüfen Sie ein paar Ihrer getroffenen Folgerungen, und Sie werden bald feststellen, daß sie von eigenen Interessen verfälscht sind. Bedenken Sie zum Beispiel, wie fest Sie an Ihren Folgerungen in Bezug auf Menschen festhalten. Sind diese Urteile völlig frei von Gefühlen? Wenn Sie es meinen, haben Sie wohl nicht genau genug geprüft.

Darin liegt eine der wichtigsten Ursachen für den Streit und die Entzweiung unter den Nationen und den Menschen. Deine Interessen decken sich nicht mit meinen, also vertragen sich dein Denken und Urteilen nicht mit meinem. Wie viele Menschen kennen Sie, deren Denken sich zumindest manchmal nicht mit deren Eigeninteressen deckt? An wie viele Gelegenheiten können Sie sich erinnern, bei denen Sie selbst so gedacht haben? Wie oft konnten Sie eine undurchdringliche Wand zwischen dem Denken in Ihrem Kopf und den Ängsten und Begierden in Ihrem Herzen errichten? So oft Sie dieser Aufgabe zu entsprechen suchen, werden Sie feststellen, daß es nicht allein Intelligenz ist, was klares Denken verlangt. Vielmehr braucht es Mut, um Angst und Begehren erfolgreich zu überwinden. Denn Ihr Herz wird, sobald Sie etwas begehren oder sich vor etwas ängstigen, sich – bewußt oder unbewußt – Ihrem Denken in den Weg stellen.

Dies ist eine Betrachtung für geistliche Meister, die schon erkannt haben, daß sie für die Suche nach Wahrheit keine lehrhaften Formeln brauchen, sondern ein Herz, das immer wenn das Denken in Gang ist, seine eingefahrenen Vorlieben und Eigeninteressen abstreift; ein Herz, das nichts zu schützen und nichts zu erstreben hat und deshalb den Verstand auf der Suche nach der Wahrheit ungehindert ausgreifen läßt, frei und ohne Angst; ein Herz, das immer bereit ist, das offenkundige Neue zu akzeptieren und seine Sichtweisen zu ändern. Solch ein Herz wird zu einem Licht, das das Dunkel der ganzen Menscheit erhellt. Hätten alle Menschen solch ein Herz, würden sie nicht länger über sich in Kategorien wie Kommunisten oder Kapitalisten, Christen, Muslime oder Buddhisten denken. Die Klarheit ihres Denkens würde ihnen deutlich machen, daß alles Denken, alle Begriffe, alle Anschauungen Lichter in der Dunkelheit sind, Zeichen ihres Nichtwissens. Und in dieser Erkenntnis würden die Wände ihrer Brunnen zusammenstürzen, und der Ozean würde hineinströmen, der alle Menschen in der Wahrheit vereint.

Nicht anstrengen

Darum haltet auch ihr euch bereit!
Denn der Menschensohn
kommt in einer Stunde,
in der ihr es nicht erwartet.

Matthäusevangelium 24,44

Früher oder später erwacht in jedem menschlichen Herzen die Sehnsucht nach Heiligkeit, Spiritualität, nach Gott, nennen Sie es, wie Sie wollen. Mystiker sprechen von einer allumfassenden Gottheit, die in unserer Reichweite ist, die unser Leben sinnvoll, schön und reich machen könnte, würden wir sie nur entdecken. Viele haben eine vage Idee davon, lesen Bücher und konsultieren Gurus, um herauszufinden, wie dieses schwer zu bestimmende Etwas, Heiligkeit oder Spiritualität genannt, erlangt werden kann. Man lernt die verschiedensten Methoden, Techniken, macht geistliche Übungskurse. Und nach Jahren fruchtloser Anstrengungen ist man entmutigt und verwirrt und fragt sich, was eigentlich falsch war. Dabei gibt man sich meistens selbst die Schuld: Hätte man seine Techniken regelmäßiger praktiziert, hätte man sich eifriger und intensiver bemüht, dann hätte man es vielleicht geschafft. Was geschafft? Wenn man auch keine genaue Vorstellung von dieser gesuchten Heiligkeit hat, so weiß man doch eines sicher:

daß das Leben immer noch chaotisch und man selbst immer noch verängstigt, unsicher, furchtsam, nachtragend, habgierig, ehrgeizig und unfair ist.

Also stürzt man sich noch einmal und mit neuer Kraft in die Arbeit und strengt sich an, um sein Ziel zu erreichen, doch ohne innezuhalten und sich zu fragen, ob Anstrengung etwas bringt. Sie bringt nichts. Anstrengung macht alles nur noch schlimmer; es ist wie: Feuer mit Öl zu löschen. Anstrengung führt nicht zu Wachstum; Anstrengung in welcher Form auch immer, ob mit Kraft, Gewohnheit, mit Hilfe einer Technik oder einer geistlichen Übung, führt nicht zu Veränderung. Im günstigsten Fall führt sie zu Verdrängung und zum Verschütten der Wurzeln der eigentlichen Krankheit.

Anstrengung mag das Verhalten ändern, aber nicht den Menschen. Machen Sie sich nur einmal klar, was für eine Mentalität hinter der Frage steht: „Was muß ich tun, um heilig zu werden?" Ist das nicht so, als würde man fragen, „Wieviel Geld muß ich ausgeben, um das und das zu kaufen?" Was für ein Opfer muß ich bringen? Welchen Regeln muß ich mich unterwerfen? Welche Meditationen muß ich machen? Stellen Sie sich einen Mann vor, der die Liebe einer Frau gewinnen will und versucht, sein Aussehen zu verschönern, seinen Körper zu trainieren oder sein Verhalten zu ändern und irgendwelche Techniken anwendet, um ihr zu gefallen.

Tatsächlich gewinnen Sie die Liebe anderer nicht durch Anwendung irgendwelcher Techniken, sondern dadurch, daß Sie eine bestimmte Persönlichkeit sind. Und diese wird man nicht durch Anstrengung und Techniken. Genauso verhält es sich mit Heiligkeit und Spiritualität. Nicht durch das, was Sie tun, erhalten Sie Spiritualität und Heiligkeit; sie sind keine Ware, die man zu einem bestimmten Betrag kaufen oder wie einen Preis gewinnen kann. Es kommt auf das an, was Sie sind, was Sie werden.

Heiligkeit ist keine Leistung, sondern eine Gnade; ein Geschenk, das Gewahrwerden heißt, Schauen, Beobachten, Verstehen. Würden Sie nur das Licht des Erkennens einschalten und sich selbst wie auch alles um sich herum beobachten, den ganzen Tag hindurch; würden Sie sich selbst im Spiegel des Gewahrwerdens betrachten, so wie Sie Ihr Gesicht in einem Kristallspiegel betrachten, der es genau und klar und ohne eine Trübung, Verzerrung oder Hinzufügung wiedergibt; und würden Sie dieses Bild ohne jegliches Urteil oder jegliche Verachtung betrachten, so könnten Sie die verschiedensten wunderbaren Veränderungen bei sich feststellen. Nur sollten Sie diese Veränderungen nicht überwachen oder im voraus einplanen oder entscheiden, wie und wann sie stattfinden sollen. Nur ein nicht urteilendes Bewußtsein heilt, verändert und läßt einen wachsen. Doch auf seine eigene Weise und zu seiner eigenen Zeit.

Was müssen Sie sich näherhin bewußt machen? Ihre Reaktionen und Ihre Beziehungen. In Gegenwart eines anderen, eines Menschen, in der Natur oder einer besonderen Situation ergeben sich bei Ihnen die verschiedensten Reaktionen, positive und negative. Prüfen Sie diese Reaktionen, beobachten Sie, was sie genau sind und woher sie rühren, ohne Moralpredigten, Schuldgefühle oder ein Begehren, und vor allem ohne jegliche Anstrengung, sie zu ändern. Das ist alles, was man braucht, um Heiligkeit sich entwickeln zu lassen.

Aber ist das Gewahrwerden nicht selbst eine Anstrengung? Nicht dann, wenn Sie es auch nur einmal probiert haben. Denn Sie werden dann verstehen, daß Gewahrwerden reine Freude ist – die Freude eines kleinen Kindes, das voll Staunen die Welt erkundet. Selbst dann, wenn das Gewahrwerden unerfreuliche Dinge bei Ihnen hervortreten läßt, bringt es dennoch immer Befreiung und Freude. Dann werden Sie wissen, daß das unbedachte Leben nicht lohnt, gelebt zu werden, daß es voller Dunkelheit und eine Qual ist.

Wenn Ihnen am Anfang die Praxis des Sich-Bewußtmachens schwerfällt, zwingen Sie sich nicht dazu. Das wäre wiederum Anstrengung. Nehmen Sie einfach wahr, daß es Ihnen schwerfällt, und tun Sie es ohne Urteil oder Verurteilung. Dann werden Sie verstehen, daß Gewahrwerden soviel Anstrengung erfordert wie ein Liebender braucht, um zur Geliebten zu gehen, oder ein Hungernder aufwenden muß, um Nahrung zu sich zu nehmen, oder ein Bergsteiger, um den Gipfel seines Lieblingsberges zu erklimmen; viel Energie, viel Mühen sogar, doch es ist keine Anstrengung, es ist Spaß! Anders gesagt: Das Gewahrwerden ist eine Aktivität ohne Anstrengung.

Wird Ihnen Gewahrwerden die Heiligkeit bringen, nach der Sie verlangen? Ja und Nein. Tatsächlich werden Sie es nie erfahren. Denn wahre Heiligkeit,

VERSTEHEN

BEOBACHTEN

SCHAUEN

die sich nicht durch Techniken, Anstrengung und Verdrängung erlangen läßt, wahre Heiligkeit ist sich selbst ganz und gar nicht bewußt. Sie sind sich ihrer nicht im Geringsten bewußt; es kümmert Sie im übrigen gar nicht, denn selbst der Ehrgeiz, heilig zu sein, wird erloschen sein, da Sie von Augenblick zu Augenblick leben; ein Leben, das erfüllt ist und glücklich macht, durch Bewußtheit klar und hell. Es ist Ihnen genug, aufmerksam zu machen und wahrzunehmen. Denn so erschauen Ihre Augen den Erlöser. Nichts sonst, absolut nichts anderes sonst. Nicht Sicherheit, nicht Liebe, nicht Zu-jemand-Gehören, nicht Schönheit, nicht Macht, nicht Heiligkeit – nichts anderes wird mehr eine Rolle spielen.